FARO • KYLIAN MBAPPÉ

ICH BIN KYLIAN

Community EDITIONS

MIX
Papier | Fördert gute Waldnutzung
FSC® C043106

Für die Originalausgabe:
Je m'appelle Kylian

Published by arrangement with Mediatoon

Für die deutschsprachige Ausgabe:

2. Auflage

Weyerstraße 88-90
50676 Köln, Deutschland

Foto: © KM Media/Nicolas Broquedis
Deutsche Übersetzung: Kern AG
Lektorat: Matthias Höhne
Projektleitung: Jessica Kleppel und Hanna Kirsch
Umschlaggestaltung und Satz: Achim Münster, Overath

Gesetzt aus der Faro von Faro

Gesamtherstellung: CE Community Editions GmbH

ISBN 978-3-96096-438-4

Druck: Grafisches Centrum Cuno GmbH & Co. KG, Gewerbering West 27, 39240 Calbe (Saale)
Printed in Germany

www.community-editions.de

„Mach aus deinem Leben einen Traum und aus einem Traum Wirklichkeit.“
Antoine de Saint-Exupéry

KYLIAN

ETHAN,
DER KLEINE BRUDER

JIRÈS, DER GROßE BRUDER

FAYZA UND WILFRID, DIE ELTERN

SORAYA,
DIE SCHWESTER VON FAYZA

DIE GROßELTERN

DELPHINE VERHEYDEN,
KYLIANS ANWÄLTIN

FATI UND ALAIN MBOMA,
LANGJÄHRIGE FREUNDE
DER FAMILIE

VADIM VASILYEV,
EHEMALIGER VIZEPRÄSIDENT
VON AS MONACO

NASSER AL-KHELAÏFI,
PRÄSIDENT VON PARIS
SAINT-GERMAIN

YANNICK,
SCHULDIREKTOR

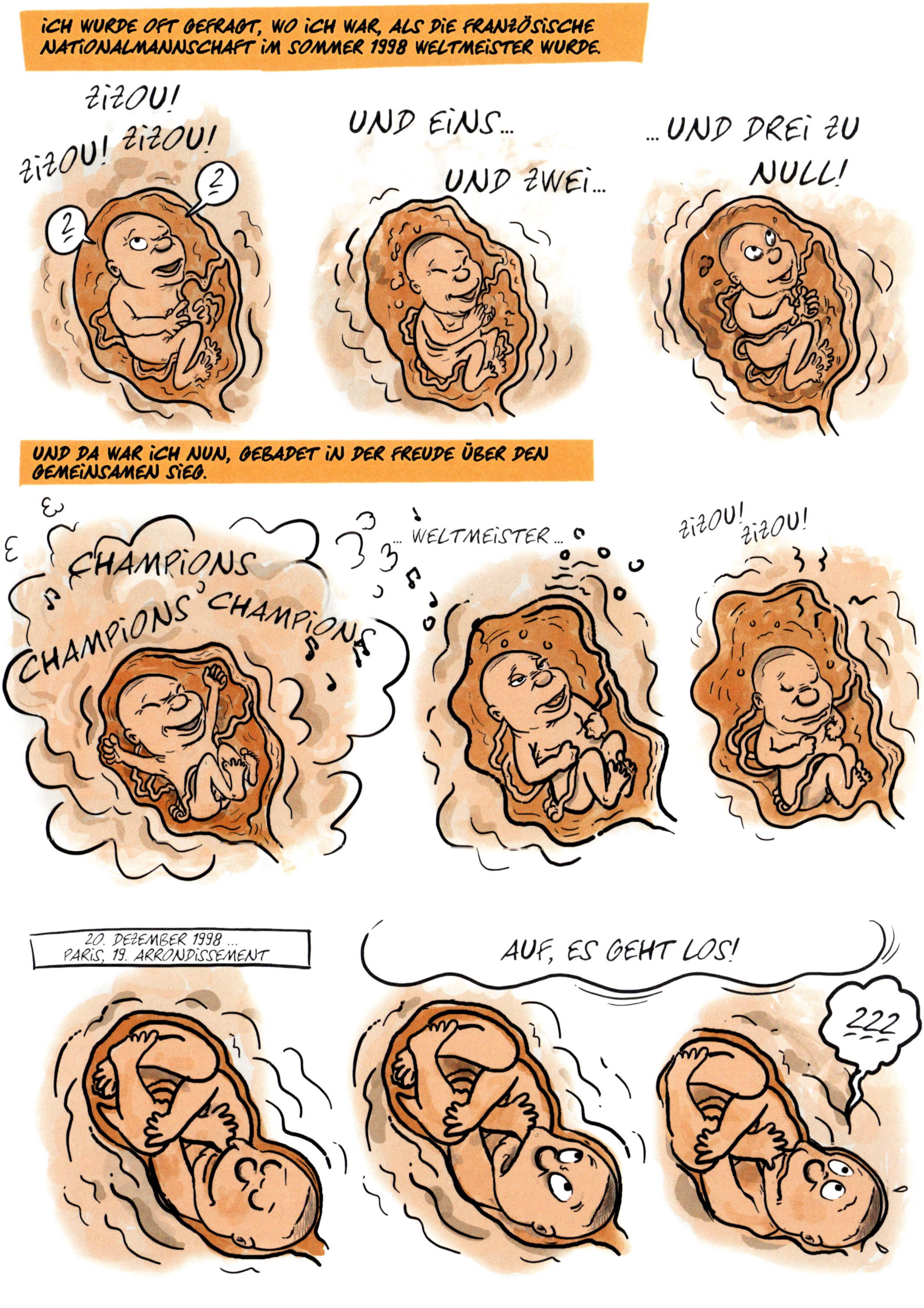

ICH WURDE OFT GEFRAGT, WO ICH WAR, ALS DIE FRANZÖSISCHE NATIONALMANNSCHAFT IM SOMMER 1998 WELTMEISTER WURDE.
ZIZOU! ZIZOU! ZIZOU!
?
?
UND EINS…
UND ZWEI…
…UND DREI ZU NULL!
UND DA WAR ICH NUN, GEBADET IN DER FREUDE ÜBER DEN GEMEINSAMEN SIEG.
CHAMPIONS CHAMPIONS CHAMPIONS CHAMPIONS
…WELTMEISTER…
ZIZOU! ZIZOU!
20. DEZEMBER 1998 … PARIS, 19. ARRONDISSEMENT
AUF, ES GEHT LOS!
???

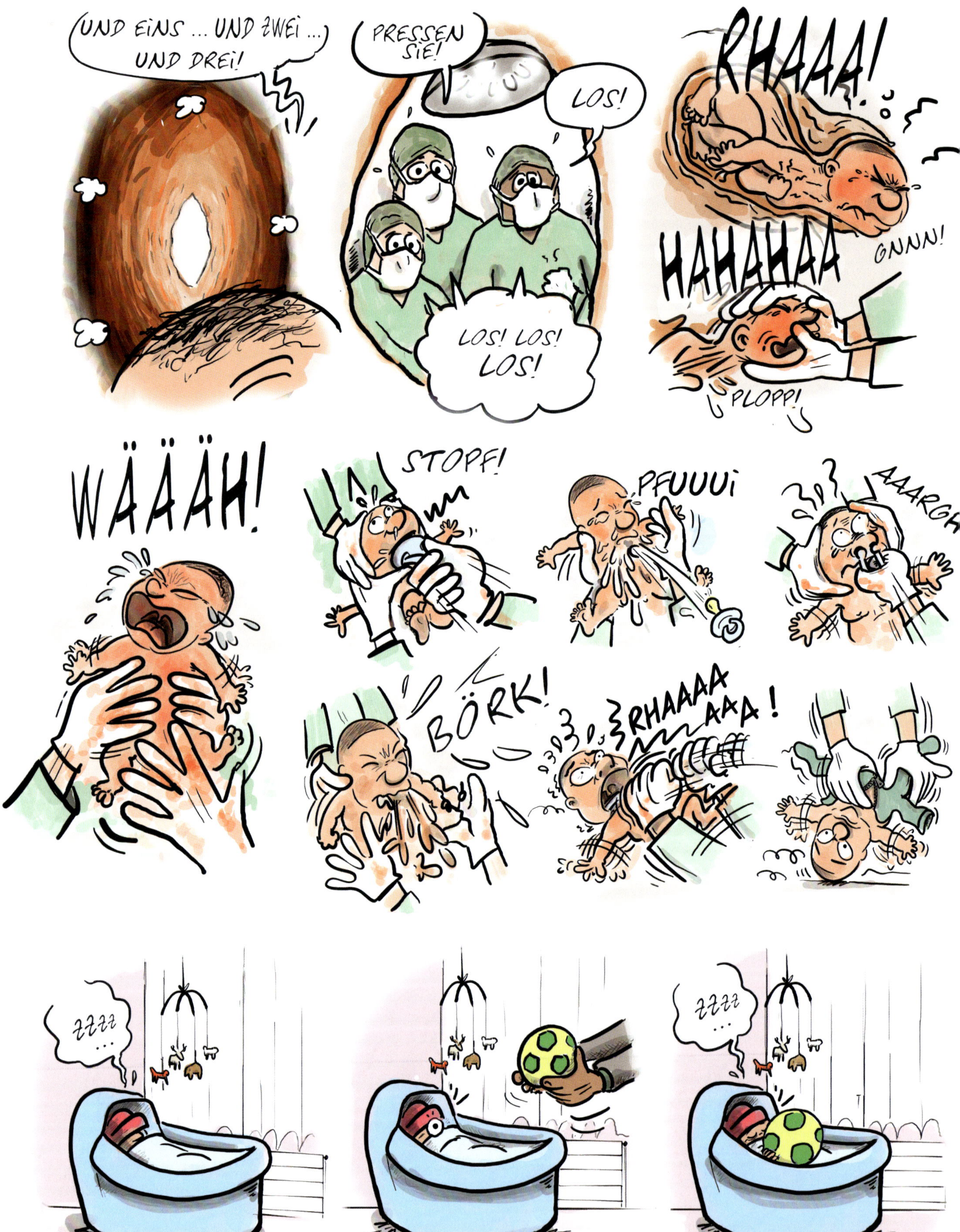
UND EINS ... UND ZWEI ... UND DREI!
PRESSEN SIE!
LOS!
LOS! LOS! LOS!
RHAAAA!
HAHAHAA
GNNN!
PLOPP!
WÄÄÄH!
STOPF!
PFUUUI
AAARGH
BÖRK!
RHAAAA
AAA!
ZZZZ ...
ZZZZ ...

BONDY, WEIHNACHTEN 1998
GUZZI, GUZZI.
JA WO IST ER DENN, MEIN KLEINER KYKY? WO IST ER?
ALSO …
BOING
WO IST ER DENN, MEIN ENKEL?
UND WO IST DAS KUSCHELTIER VON OMA? JA WO IST ES DENN?
BOING
BOING
POF
BOING
BOING
AUF WIEDERSEHEN, FRAU MBAPPÉ.
JUHUU!
AAAH, FATI, SORAYA, WIE GEHT'S?
KUSCHELHASE!
KUSCHELHASE!

DANN BIS BALD! ... FATI, SEHEN WIR UNS HEUTE ABEND NOCH BEIM SPIEL?!?
WILFRID! DEINE SCHWESTERN.
NEHMT'S NICHT SO SCHWER, DAS IST NICHT DAS ERSTE MAL!
SCHATZ, DEINE HANDBALL-FREUNDINNEN.
BUMM
PAFF
PUH
ERWARTEN WIR DENN NOCH MEHR LEUTE?
JA ... EIN PAAR KUMPEL, DIE SICH DAS SPIEL ANSCHAUEN WOLLEN.

ALS ICH KLEIN WAR, WAR MEIN PAPA FUßBALLTRAINER.
WIR WOHNTEN DIREKT GEGENÜBER VOM STADION.
WINTER 1999
KYLIAN, SCHAU MAL DA UNTEN ...
PA... PA!
BA!
JA, MEIN BABY, WIR GEHEN JETZT RÜBER.
LOS, JUNGS, FANGEN WIR MIT DEM AUFWÄRMEN AN.
COACH!
WENN WIR DIREKT WIEDER IN DIE UMKLEIDE GEHEN WÜRDEN ...
DAS WÜRDE UNS AUFWÄRMEN!
PUUH PUUH

KANN ICH DIR KYLIAN KURZ HIERLASSEN? ICH MUSS NOCH EIN PAAR EINKÄUFE MACHEN.
NATÜR-LICH!
KEIN PROBLEM!
ICH SCHAFF' DAS SCHON!
KEINE SORGE, ICH LASSE IHN NICHT AUS DEN AUGEN.
UND ... DEINE SPIELER?
NEIN, DIE MÜSSEN AUF DEN BALL ACHTEN.
OKAY, UND DU SCHREIST BITTE NICHT, WENN ER SCHLÄFT!...
WENN ER GEWICKELT WERDEN MUSS, DA SIND WINDELN IN DER TASCHE IM KÖRBCHEN ...
UND WENN ES ANFÄNGT ZU REGNEN, STELLST DU IHN UNTER.
LOS, JUNGS, WIR GEHEN WIEDER IN DIE UMKLEIDE UND BEREITEN UNS AUF DAS SPIEL VOR.
... UND WENN WIR LIEBER IN DER WARMEN UMKLEIDE-KABINE BLEIBEN WOLLEN?
LOS, HOPP! HOPP! FOLGT MIR ... MIT KLEINEN SCHRITTEN.

DIE UMKLEIDEKABINE, DIE GESPRÄCHE, DIE GERÜCHE RUND UMS SPIEL ... SCHON ALS KLEINES KIND FAND ICH DAS ZIEMLICH COOL.
KOMMT SCHON, JUNGS, WACHT AUF!
EUER LETZTES SPIEL HAT MIR NICHT GEFALLEN ... WIR MÜSSEN UNBEDINGT ETWAS ÄNDERN.
JA, COACH ... BITTE!
ALSO GUT, KINDER ...
GEHT ZURÜCK AUFS SPIELFELD!
IHR KÜHLT SONST AUS.
ZOOM
GUT ...
WEIẞT DU, KYLIAN, ICH ZÖGERE EIN BISSCHEN, MOMO NACH HINTEN ZU STELLEN ...
DAS WÜRDE IHN ZWINGEN, MEHR PÄSSE ZU SPIELEN.
UND ... IGITT ... DADURCH HÄTTE JEAN KEVIN MEHR RAUM.
SONST SIND WIR HINTEN GUT AUFGESTELLT.
PROCH
MIT DER ÄNDERUNG, DIE ICH GERADE GEMACHT HAB.

NA LOS ...
PUH
GEHEN WIR WIEDER ZURÜCK!
PLOPP!
LOS, JUNGS ... ICH WILL MEHR TECHNIK ...
UND MEHR TEMPO ... VIEL MEHR TEMPO
ICH WILL EIN KRAFTVOLLES SPIEL MIT ... SCHLAGABTAUSCH SEHEN!
PLIC
PLIC
PLIC
MIST ... KYLIAN!
SCHNELL! INS TROCKENE!

ALSO GUT, JUNGS ...
ICH MÖCHTE EUCH GRATULIEREN, IHR HABT ALLES GEGEBEN. LEIDER IST FUßBALL MANCHMAL GRAUSAM UND ...
WIR HABEN ...
VERLOREN!
WÄÄÄH

MEIN MANN UND MEIN KLEINER MANN! NA, IST ALLES GUT GELAUFEN?
JA ... AUßER DASS WIR VERLOREN HABEN!
WÄÄÄH!
HAT ES GEREGNET?
PLATSCH!
HOPPLA! ICH HABE DEN EINDRUCK, DASS ER NICHT GERNE VERLIERT ... WIR MÜSSEN UNS WAS ÜBERLEGEN, UM IHN ZU BERUHIGEN.
OKAY, WIR WERDEN IHN BADEN UND FÜTTERN, DANN WIRD ALLES WIEDER GUT.
WÄÄÄH!
WÄÄÄH!
ALSO EINEN SCHWIMMER MACHEN WIR WOHL NICHT AUS IHM!
UND DAS WAR'S!
KLICK
WÄÄÄH!
?
WAS? ICH HABE NICHT NOCH MAL GESAGT, DASS WIR VERLOREN HABEN.

SCHLAFEN WAR NICHT SO MEIN DING. TAGSÜBER AKTIV, NACHTS AKTIV, ICH HABE MEINEN ELTERN NICHT VIEL RUHE GEGÖNNT.

EIN JAHR SPÄTER
BAWA!
ZZZZZ
ZZZ
KYLIAN 365
ELTERN 0
BAWA
KYLIAN?
BAWA
BAWA!
BA WA
POF
FAYZA! ICH GLAUBE, KYLIAN SAGT GERADE PAPA!
ZZZZ
ACH JA? SEIN ERSTES WORT? ... GENIAL!
ABER HÖRST DU DAS DENN NICHT? ICH KANN'S KAUM GLAUBEN!
BAWA
PAPA ... PAAAAAA...PAAAAAA.
BA_WA
BIST DU SICHER?

ABER JA ...
PAAA...PAAAA.
PAPA ?
PAAA-PAAA.
BAWA
KLINGT DAS NICHT MEHR WIE MAMA? MA...MA?
BAWA!
PAPA?
MAMA?
WÄÄÄH!
SCHAU MAL ... DA IST DEIN BALL!
ZUM GLÜCK HAT JIRÈS MICH VERSTANDEN. ZUSAMMEN WAREN WIR VON ANFANG AN EIN TOLLES TEAM.
BALL?!?
BAWA!

JIRÈS IST MEIN GROßER BRUDER. ER KAM IM ALTER VON 11 JAHREN ZU UNS.
HERR KEMBO, ETWAS MEHR KONZENTRATION BITTE.
JIRÈS? BIST DU BEI UNS?
JIRÈS?
NA SO WAS!
ICH MUSS UNBEDINGT MIT WILFRID DARÜBER REDEN.
DIESER JUNGE IST SUPERTALENTIERT, WAS FUßBALL ANGEHT, UND ZEIGT AUCH IN DER SCHULE GUTE LEISTUNGEN. ER LEBT NICHT BEI SEINER FAMILIE … ES SIND ZU VIELE KINDER IM HAUSHALT, DAS IST EIN BISSCHEN KOMPLIZIERT.
WÄÄÄH!
KYLIAN, WIR HABEN GEWONNEN … WENN ICH'S DIR DOCH SAGE, WIR HABEN GEWONNEN!!!
JA, DAS KANN ICH MIR GUT VORSTELLEN, MIT NUR EINEM KIND IST ES SCHON NICHT EINFACH.
WIR MACHEN DAS SO, WIE DU MÖCHTEST, WILFRID. WENN DU DENKST, DASS JIRÈS BEI UNS AUFBLÜHT, DANN BIN ICH EINVERSTANDEN, IHN BEI UNS AUFZUNEHMEN.
UND SO VERWANDELTE SICH UNSERE GERADE EINMAL 59 M² GROßE WOHNUNG IN EIN FUßBALLFELD.
AUF DIE ART KRIEGEN WIR ABER AUCH NICHT MEHR SCHLAF.

BIM
JERK!
UFF!
KLIRR!
PASST AUF!
TRETET NICHT IN DIE SCHERBEN DER VASE ... IHR SCHNEIDET EUCH SONST!

PUH!
SIEHST DU IHN?
NEIN ... KUAN NICHTS SEHEN!
AAAH!
UND DA?
XHU? ...
?
KYLIAN ... LEHN DICH NIE WIEDER AUS DEM FENSTER ...
QUIETSCH
HA HA
WIR SIND IMMERHIN IM 2. STOCK!
ICH KANN NICHT MEHR ...
... ICH MUSS MAL WAS ANDERES SEHEN!
ZZZZ
ZZZZ

NACH MEINER GEBURT HATTE MEINE MUTTER IHRE KARRIERE ALS HANDBALLERIN AUFGEGEBEN. SIE WAR ANGRIFFSSPIELERIN IM TEAM VON BONDY GEWESEN.

AH!
AUTSCH!
GRR!
JA!
TSCHÜSS MÄDELS ... WIR SEHEN UNS BALD WIEDER!
DAS HAT MIR SO GUT-GETAN!
UND VIELEN DANK FÜR DAS KUSCHELTIER ... KYLIAN WIRD ES LIEBEN!
KYLIAN, MEIN SCHATZ! MAMA IST WIEDER DA.
UND SCHAU MAL, WAS SIE FÜR DICH HAT.
MEIN KYLIAN!
POM

BAMM!

WEIL MICH DER SPORT VON KLEIN AUF UMGAB, WURDE FUßBALL SCHNELL ZU MEINER LEIDENSCHAFT.

UND MEINE ELTERN HABEN ALLES VERSUCHT, DAMIT SIE NICHT ZUR BESESSENHEIT WIRD.
INTERESSIERT IHN DAS?
JA … ICH HATTE ANGST, DASS ER DAS BUCH NICHT HALTEN KANN.
Skulpturen und Kunstwerke
SCHAU! DER MANN HIER MACHT BEI DEN OLYMPISCHEN SPIELEN MIT …
ICH WILL AUCH MITMACHEN!
JA, KYLIAN, ER HEIẞT …
Skulpturen und Kunstwerke
DER DISKUSWERFER! ICH WEIß, MAMA.
ICH HOFFE, DU VERLIERST NICHT DEINE ARME, MAMA!
?
ABER NEIN, KYLIAN, DAS SIND ALTE GRIECHISCHE STATUEN, DENEN FEHLT OFT ETWAS, DIE SIND IM LAUFE DER ZEIT KAPUTTGEGANGEN …
SPIEL MIR DEN BALL ZU, ICH BIN FREI.
OKAY! SOFORT.
IM SPORT SCHEINEN DIE GRIECHEN AUF JEDEN FALL GUT ZU SEIN.
ICH BIN MIR SICHER, DASS SIE DIE NÄCHSTE EM GEWINNEN WERDEN!
HAHA, RED NICHT SOLCHEN UNSINN, KYLIAN.

ABER ICH MUSS ZUGEBEN, DASS ES NICHT LEICHT WAR, MICH EINZUSCHÄTZEN.

DIE LEHRERIN AUS DER VORSCHULE ERWARTET UNS, SIE WOLLTE MIT UNS SPRECHEN.
SIE HAT EINE DAME DAZUGEBETEN ... EINE SPEZIALISTIN.
ANTIQUITÉS
ANTIQUIT
ICH SAGE DIR, KYLIAN IST ANDERS!
DER JUNGE IST NICHT WIE DIE ANDEREN.
LEPIDOPTERA!
Freiheit
LIEBE FRAU MBAPPÉ, LIEBER HERR MBAPPÉ, ICH HABE SIE EINBESTELLT, UM IHNEN MITZUTEILEN, DASS UNS AN IHREM SOHN KYLIAN EINIGE DINGE AUFGEFALLEN SIND.
AH, JA.
ICH MUSS ZUGEBEN, DASS WIR SELBST AUCH SCHON SO EINIGES BEMERKT HABEN ...
GUT ... DAS MACHT ES EINFACHER.
IHR KIND KANN KEINEM NORMALEN UNTERRICHT FOLGEN ... WIR MÜSSEN ES AN EINE FÖRDERSCHULE VERSETZEN!
FÖRDERSCHULE? ÄH ... IST DIE FÜR HOCHBEGABTE KINDER?

HOCHBEGABT? ICH HOFFE, DAS IST EIN SCHERZ.
GENAU DAS GEGENTEIL IST DER FALL.
ÄHEM!
ALSO NEIN! KOMMEN WIR WIEDER ZURÜCK ZU DEN ERNSTEN THEMEN, IHR KIND HAT GROßE SCHWIERIGKEITEN, DEM NORMALEN UNTERRICHT ZU FOLGEN.
HÄ?
VIELLEICHT IST DER IHM EIN BISSCHEN ZU LANGSAM.
WIR WISSEN IMMER NOCH NICHT, OB ER RECHTS- ODER LINKSHÄNDER IST.
IHM ZUZUSEHEN, WIE ER EINEN STIFT HÄLT, IST EINE QUAL.
VIELLEICHT SOLLTEN SIE ES MIT PSYCHOMOTORISCHEM TRAINING VERSUCHEN.
HERR MBAPPÉ, ICH GLAUBE, SIE SIND IM FUßBALL TÄTIG?
VIELLEICHT SOLLTEN SIE IHN IN DIESE RICHTUNG LENKEN ...
EINE TÄTIGKEIT, BEI DER ER SEINE FÜßE BENUTZEN KANN.

TATSÄCHLICH … IST DER FUẞ BEIM FUẞBALL DIE VERLÄNGERUNG DES GEHIRNS … MAN KANN MIT SEINEN FÜẞEN DIE UNGLAUBLICHSTEN SACHEN MACHEN.
ABSOLUT!
SCHAUEN WIR UNS HEUTE ABEND EIN SPIEL AN? MORGEN IST SCHULFREI!
BALL!
VERSUCH ES NOCH EINMAL, KYLIAN … WORAN ERINNERT DICH DAS?
BALL!
KEIN WUNDER, DASS DIE SCHULE AN DEINEN FÄHIG-KEITEN ZWEIFELT.
UND DAS?
EIN BALL!!!
… WENN DU DICH AUCH KEIN BISSCHEN ANSTRENGST …
ALSO LOS, NOCH EINS!
EIN BALL MIT EINEM STIEL!

FAYZA ... ICH GEHE RUNTER ZUM TRAINING UND BIN HEUTE ABEND UM 21 UHR WIEDER DA.
GERADE ALS ICH DACHTE, ER KOMMT DAHINTER.
PAPA, ICH MÖCHTE MIT DIR MITKOMMEN.
ABER DU HAST NOCH NICHT EINMAL DIE HAUSAUFGABEN BEENDET.
DAS IST EINFACH, ES IST EIN BALL.
JA ... DAS WAR JA KLAR!
ALLERDINGS ... BIST DU NOCH ZU KLEIN, ES IST KALT, ES IST SPÄT, UND PAPA KANN SICH BEIM TRAINING NICHT UM DICH KÜMMERN.
ABER ICH HABE EINE IDEE ... SCHAU MAL, VON HIER AUS WIRST DU NICHTS VOM TRAINING VERPASSEN.
JAAA! DA KOMMT PAPA SCHON.
NA LOS, PAPA!
TRIII, KONTROLLIER DEINE PÄSSE, SALIF!
HEUTE SEID IHR WIRKLICH UNTER ALLER KANONE!
NA JA! HEUTE ABEND SCHREIT ER ABER WIE WILD, MEIN WILFRID.
MACHT SO WEITER, DANN KRIEGT IHR SAMSTAG RICHTIG AUF DEN DECKEL!
KYLIAN?
MAMA? BIST DU SICHER, DASS DER MANN DA UNTEN PAPA IST?
IHR SEID LAHME ENTEN!

SAG MAL, DU WARST JA HEUTE ABEND BEIM TRAINING RICHTIG GENERVT.
JA ... AB UND ZU MUSS MAN IHNEN EINE ANSAGE MACHEN.
KYLIAN HATTE ANGST ...
DU SOLLTEST ZU IHM GEHEN, ER SCHLÄFT NOCH NICHT.
KYLIAN, MEIN SCHATZ, BIST DU WACH?
JA, PAPA.
FOOTBALL
PAPA, ICH VERSPRECHE DIR, ICH WERDE DER BESTE FUßBALLER DER WELT.
ACH JA?
DANN MUSST DU MICH NIE ANSCHREIEN.
ICH WÜRDE DICH NIE WEGEN EINEM FUßBALL-SPIEL ANSCHREIEN KYLIAN ...
NIEMALS!
UND TROTZDEM.

ICH WAR GERADE MAL 4 JAHRE ALT, ALS MEIN GROßER BRUDER NACH CLAIREFONTAINE KAM.
ICH VERSTAND ZWAR NICHT ALLES, ABER ES HÖRTE SICH RICHTIG GUT AN.
SEPTEMBER 2002
ICH WERDE EUCH JETZT ALLE IN ALPHABETISCHER REIHENFOLGE AUFRUFEN.
KEMBO EKOKO, JIRÈS.
DAS IST MEIN GROßER BRUDER!!
DAS IST MEIN GROßER BRUDER!!
GIB EINFACH DEIN BESTES, DAS WIRD SCHON GUT GEHEN!
WIR SEHEN UNS IN ZWEI WOCHEN WIEDER.
DAS IST MEIN GROßER BRUDER!!!
DAS IST MEIN GROßER BRUDER!!!
MEIN GROßER BRUDER!!!
ER HAT'S NACH CLAIREFONTAINE GESCHAFFT.
PAPA ... WAS IST CLAIRE-FONTAINE?
DA GEHEN DIE BESTEN FUßBALL-SPIELER AUS DER REGION PARIS SO IM ALTER VON 13 BIS 14 JAHREN HIN.
UND WENN ALLES GUT LÄUFT, VERLASSEN SIE ES ZWEI JAHRE SPÄTER, UM BEI PROFIVEREINEN ZU UNTERSCHREIBEN.
ABER MACH DIR KEINE SORGEN, IN DIESEN ZWEI JAHREN KOMMT JIRÈS JEDEN FREITAGABEND NACH HAUSE.
KANN ICH DANN WEITER MIT IHM TRAINIEREN?

NATÜRLICH ... UND ER WIRD JEDEN SAMSTAG BEI DER AS BONDY SPIELEN
... WIE FRÜHER!
YIPPIE!
PAPA ...
UND ICH? DARF ICH AUCH NACH CLAIREFONTAINE?
JA, DU KANNST AUCH NACH CLAIREFONTAINE GEHEN ...
... WENN DU SO STARK WIE JIRÈS WIRST.
UND IN DER ZWISCHENZEIT KANNST DU „À LA CLAIRE FONTAINE" SINGEN..
JAAA!
ABER PAPA ... ICH SPIELE JA NOCH NICHT MAL IN BONDY FUßBALL...
MELDEST DU MICH DA ZUM TRAINING AN? ... SAG?
ZUM FUßBALL? ...
IN BONDY?
GEH DOCH NACH HAUSE, SCHIRI!
NA, WAS IST DENN MIT DIR LOS?
MEIN SOHN IST DER BESTE, DER MUSS SICH VON SO EINEM KLEINEN SCHIEDSRICHTER HIER AUS DEM VIERTEL NICHTS SAGEN LASSEN!
UND ICH BIN DER TRAINER!
HIER REDE NUR ICH MIT DEM SCHIEDSRICHTER!
NA JA, KEINE FRAGE!
DIE ELTERN MÜSSEN AUF IHREN PLÄTZEN BLEIBEN.

GEH DOCH NACH HAUSE, SCHIRI!
GEH DOCH NACH HAUSE, SCHIRI!
ALSO … ICH WEIẞ NICHT, KYLIAN …
… ICH WEIẞ NICHT, OB ICH DICH ANMELDEN WERDE.
WEIẞT DU, DU BIST NOCH ZU KLEIN …
PFFF, WAR JA KLAR. JETZT GEHT DAS WIEDER LOS!
UND DANN GIBT ES NOCH GANZ VIELE ANDERE SPORTARTEN
…
DIE DU AUSPROBIEREN KÖNNTEST.

MEINE ELTERN GLAUBTEN, DASS ICH MEINE EIGENE LEIDENSCHAFT FINDEN SOLLTE, ABER ICH INTERESSIERTE MICH NUR FÜR FUßBALL … UND EINES TAGES GING ES DANN ENDLICH LOS.
DEZEMBER 2002
HEISST DEN TELETHON 2002 WILLKOMMEN!
AH, WILFRID, WIR HABEN SCHON AUF DICH GEWARTET, WIE ICH SEHE, HAST DU KYLIAN MITGEBRACHT.
KEINE FRAGE! ICH HÄTTE IHN NICHT ZU HAUSE LASSEN KÖNNEN.
VOR ALLEM WOLLTE ER SICH DAS FÜR DEN SPENDENMARA-THON ORGANISIERTE SPIEL NICHT ENTGEHEN LASSEN.
HAHAHA, DU ÜBERRASCHST MICH! ABER ER HAT RECHT.
HMM, ICH ÜBERLEGE GRAD …
WAS, WENN WIR KYLIAN MITSPIELEN LASSEN?
JAAAAAA
ICH WEIß NICHT, OB …
ICH WERDE FÜR DEN TELE-THON FUßBALL SPIELEN …
ICH WERDE FÜR DEN TELE-THON FUßBALL SPIELEN …
MIT DER AS BONDY!
ABER JA … DAS FERNSEHEN WIRD DA SEIN, DAS WIRD EIN TOLLES FEST.
ES WÄRE EINE SCHÖNE ERINNERUNG FÜR IHN.
ICH WERDE FUßBALL SPIELEN!
GEHT SCHON MAL AUF DEN PLATZ, ICH WERDE IHM EIN TRIKOT HOLEN.
ICH WERDE FUßBALL SPIELEN!

ES IST EIN AUßERGEWÖHNLICHES EREIGNIS, DAS WIR HEUTE ABEND IM STADION VON BONDY DIREKT HINTER MIR ERLEBEN WERDEN …
ICH WERDE FUßBALL SPIELEN!
… EIN HISTORISCHER ABEND IM ZEICHEN DES FUßBALLS …
DANKE, DANKE, DANKE!
EIN GROßER MOMENT, DEN DIE SPORTFANS UNTER IHNEN AUF KEINEN FALL VERPASSEN SOLLTEN UND DEN SIE AUF UNSEREM SENDER LIVE VERFOLGEN KÖNNEN …
WIR SEHEN UNS GLEICH ZUM ANPFIFF … HALLO IN DEN STUDIOS, IHR SEID DRAN … ES LEBE DER SPORT UND ES LEBE DER TELETHON AUF FRANCE TÉLÉVISIONS!
PAPA, SCHNELL!
…
ALSO … WIE WAR ICH?
GUT, GUT … ABER AUßERGEWÖHNLICH … HISTORISCH … GROßER MOMENT … HAST DU DA NICHT ETWAS ZU DICK AUFGETRAGEN?
FINDEST DU? …
ICH WEIß NICHT …
ALSO, KYLIAN … BEREIT FÜR DEIN 1. FUßBALLMATCH?
DAS IST MIR EINFACH SO IN DEN SINN GEKOMMEN!

ES IST MIT SO VIELEN EMOTIONEN VERBUNDEN ...
... WENN ICH AN DEN WEG DENKE, DEN ICH SEIT MEINEN ANFÄNGEN ZURÜCKGELEGT HABE ...
PLOPP!
PIF
... ICH WERDE KEINE LANGEN REDEN HALTEN ...
... WEIL ICH KAUM SPRECHEN KANN ...
ABER SEID VERSICHERT, DASS ICH IMMER MEIN BESTES GEBEN WERDE ...
FÜR DIE AS BONDY!
PUH
KYLIAN! GEHT'S DIR GUT?

JA, HERR SCHIEDSRICHTER ... ICH MEINE ... HERR PRÄSIDENT.
SUPER!
ALSO LOS, KYLIAN ... SCHLUSS MIT DEM TRÄUMEN ... DU BIST JETZT AUF DEM PLATZ.
EIN PASS ... EIN PASS!
YIPPIE!
ZU MIR ... ZU MIR!
...
TRIiiii ... ELFMETER!
AUTSCH
KYLIAN WIRD SCHIEßEN!
SOUHAITE LA BIENVENUE AU TELETHON

BONDY TÉLÉTHON
BONDY TÉLÉTHON
BONDY TÉLÉTHON
KM
10
BONDY TÉLÉTHON

HABT IHR DEN ELFMETER GESEHEN, DEN ICH GESCHOSSEN HABE?
JAAA!
NA, UND DAS HEIẞT … ICH BIN FUẞBALLSPIELER.
SIE HATTE RECHT, DIE FRAU MIT DER FÖRDERSCHULE.
DIE ANDERE SACHE, WIE HIEẞ DAS NOCH GLEICH …
UNTERRICHT!
DAS WAR NICHTS FÜR MICH.
ES IST SO VIEL BESSER, MIT DEN FÜẞEN ZU ARBEITEN.
WAS IST DENN MIT DIR LOS? ABER WO GEHST DU DENN HIN?
NA JA … NACH HAUSE … ALS FUẞBALLER MUSS MAN SICH DOCH ERHOLEN.
WAS MEINST DU DENN DAMIT? MONTAGMORGEN UM 7 UHR HEIẞT ES AUFSTEHEN UND ZUR SCHULE GEHEN!
AH?
PFRRRRR
PFRRRRR
PFRRRR
PFFRRRR
UND DER FUẞBALL ERSETZT NIEMALS EINE GUTE AUSBILDUNG.
UND KYLIAN … AUẞERDEM MAGST DU DIE SCHULE!
PLOPP
JA … ABER ICH MAG DIE FRAU NICHT, DIE MICH AUF DIE FÖRDERSCHULE SCHICKEN WILL.

UND WENN ICH FUßBALLER BIN, GEHE ICH NICHT IN DIE FÖRDERSCHULE!
DAS IST ES DOCH, WAS DIE FRAU GESAGT HAT …
ICH SOLL MIT MEINEN FÜßEN ARBEITEN.
ABER NEIN, KYLIAN … DU WIRST SOWIESO NICHT AUF EINE FÖRDERSCHULE GEHEN.
PAPA UND ICH WERDEN UNS DARUM KÜMMERN.
DAFÜR BIST ZU VIEL ZU BEGABT. DIESE DAME HAT ÜBERHAUPT NICHTS VERSTANDEN.
MAMA …
UND WENN ICH AUCH IM FUßBALL BEGABT BIN, WAS MACHEN WIR DANN?
DANN MACHST DU EBEN BEIDES …
FUßBALL UND SCHULE.
JA, GENIAL!
MAMA?
JA?
UM HERAUSZUFINDEN, OB ICH IM FUßBALL BEGABT BIN, MUSST DU MICH ABER BEI DER AS BONDY ANMELDEN.
JAAAA, DU HAST GEWONNEN, WIR MELDEN DICH AN.

ENDLICH GING ES MIT DEM FUßBALL LOS! ABER ALS HYPERAKTIVES KIND WAR ICH ZWISCHEN DEN TRAININGSEINHEITEN SCHWER ZU BÄNDIGEN.

MAMA ... WARUM SITZT DU?
WIR SPIELEN!
JA .... STIMMT! KOMM, WIR SPIELEN!
HOPP! HOPP!
HOPP! HOPP!
MAMA, WARUM BLEIBST DU STEHEN?
BRAVER HUND, KOMM, GIB MIR DEN BALL.
KYLIAN, ICH HABE EINE IDEE ... WIR WERDEN ANDERS SPIELEN.
JA! ABER NICHT IN DER NÄHE VON DEM HUND ... ICH HABE ANGST VOR HUNDEN!
EINVERSTANDEN!
POFF!
ZOOM
Le Livre de Poche

NACH UND NACH HAT MIR DER FUẞBALL DABEI GEHOLFEN, MICH ZU STRUKTURIEREN. AUF DEM PLATZ HATTE ICH SOFORT DAS GEFÜHL, DAZUZUGEHÖREN.
SO, KINDER, HEUTE BEGRÜẞEN WIR EINEN NEUEN IN DER MANNSCHAFT ...
ICH MÖCHTE EUCH KYLIAN VORSTELLEN!
HALLO, KYLIAN!
ALSO LOS, HEUTE WIRD DAS TRAINING AUSNAHMSWEISE MAL EIN SPIEL SEIN.
JAAA!
GUT, JUNGS ... SEHR GUT, NICHT ALLE AM BALL.
KYLIAN! KOMM WIEDER ZURÜCK ...
ICH HABE DICH ALS VERTEIDIGER AUFGESTELLT.
JA, JUNGS ... SUPER GEGENANGRIFF ...
NICHT ALLE AM BALL.
KYLIAN??? ABER WAS MACHST DU DENN NOCH DA VORNE?
KOMM WIEDER ZURÜCK, HABE ICH GESAGT!
SEHR GUT, JUNGS ... SUPER!
KYLIAN???

WAS?
KOMM HER!
KYLIAN ... WAS MACHST DU?
?
WARUM LÄUFST DU NICHT MIT DEN ANDEREN?
WAS DENN? DU SAGST DOCH IMMER, WIR SOLLEN NICHT ALLE AM BALL SEIN?
JA, SICHER! ABER IN DEINEM ALTER SPIELEN ALLE KINDER SO.
WARUM BLEIBST DU VORNE UND LÄUFST NICHT?
NA ... WENN ICH LAUFE, WERDE ICH MÜDE ...
UND WENN ICH MÜDE BIN, KANN ICH KEIN TOR SCHIEßEN.

UND ...? WIE LÄUFT'S FÜR MEINEN KLEINEN CHAMPION?
SUPER, MAMA, ICH LIEBE ES!
ICH HABE 2 TORE GESCHOSSEN!
LOS, JUNGS, WIR HABEN NOCH 5 MINUTEN, AUF EIN NEUES!
REPARAUTO
REPARAUTO
ZU MIR, ZU MIR!
POC!
SO SIEHT'S AUS! ... DAS IST KYLIAN!
ER VERTEIDIGT NICHT ... SPIELT AUF SICHERHEIT, RENNT NICHT, AUSSER WENN IHM JEMAND DEN BALL ZUSPIELT, DAMIT ER EIN TOR SCHIESSEN KANN ...
UND WENN ER RENNT, BERÜHREN SEINE FERSEN SEINEN HINTERN.
ANSONSTEN IST ER NICHT UNGESCHICKT ...
ER IST SCHNELL ...
UND ER SCHIESST HART.
JEDENFALLS KANN MAN NICHT SAGEN, DASS ER DIE EIGENSCHAFTEN ZEIGT, DIE FÜR EIN KIND IN SEINEM ALTER NORMAL SIND.
ACH WAS, DAS WICHTIGSTE IST, DASS ES IHM SPASS MACHT.

AUFSTEHEN! ES IST HALB SIEBEN!
ZOOM
SEIT JIRÈS IN CLAIREFONTAINE IST, HÄLT MAN ES KAUM AUS MIT DIR, SO WIE DU ÜBERALL HERUMSPRINGST!
ES IST NUR ...
JIRÈS WAR DOCH MEIN COACH ...
ER HAT MIR BEIGEBRACHT, SO HERUMZUSPRINGEN.
NA GUT, ICH WERDE MICH ANZIEHEN ... MACH DICH AUCH FERTIG, ICH GEHE MIT DIR INS KINO.
JA, SUPER! SEHEN WIR UND DIE DOKU „LES YEUX DANS LES BLEUS“ AN?
ACH NEIN! DIE HAST DU DOCH SCHON ZEHNMAL GESEHEN ...
AUßERDEM HABEN WIR DIE AUF VIDEO.
KINO
GUILLAUME CANET
MARION COTILLARD
NEIN DANKE, MAMA ... SO WAS DÜRFEN SPORTLER NICHT ESSEN!
UND ICH BIN JETZT FUßBALLER.

AUFSTEHEN! ES IST HALB SIEBEN!
ZOOM
JA ... ABER ES IST WOCHENENDE!
KYLIAN ... MAMA HAT HEUTE IHR HANDBALLSPIEL ... TANTE FATI KANN NICHT MITSPIELEN, WEIL SIE SICH AN DER HAND VERLETZT HAT. DAFÜR GEHT SIE MIT DIR INS MUSEUM.
SUPER! KOMMT ISMAËL AUCH MIT?
TANTE, TANTE! SCHAU DIR DEN DISKUSWERFER AN.
DER IST GUT, ABER MIR GEFALLEN DIE GRIECHISCHEN FUßBALLER BESSER.
POF
KOMM, ICH ZEIG DIR, WO DIE SIND!
HM ... KYLIAN? WOLLEN WIR IN DER CAFETERIA WAS ESSEN GEHEN?
JA, TANTE.
WIR SCHAUEN UNS DIE JETZT SCHON 10 MINUTEN LANG AN!
TANTE, HAST DU GESEHEN, WIE SCHNELL DIE GRIECHISCHEN FUßBALLSPIELER LAUFEN?
UND ICH BIN GENAUSO SCHNELL WIE DIE!
KYLIAN!
ISMAËL, PASS DU AUF MATHIAS AUF!!! ... ICH MUSS KYLIAN HINTERHERLAUFEN!

UND ... WIE WAR DER TAG MIT MEINEM KYLIAN ...? ES GING HOFFENTLICH NICHT DIE GANZE ZEIT UM FUßBALL?
NEIN ... ES GING EHER UMS LAUFEN!
KOMM, ISMA! WIR SPIELEN IN MEINEM ZIMMER.
ICH MAG ES, WENN ER MIT ISMAËL ZUSAMMEN IST ... DAS BERUHIGT IHN.
ACH JA?
JA, SCHAU DOCH MAL ... SIE SPIELEN RITTER ... WENIGSTENS DENKT KYLIAN DABEI NICHT AN FUßBALL ...
ICH WEIß NICHT ... ICH MÖCHTE SCHLAFEN GEHEN.
RITTER ZIDANE ... ICH VERLEIHE DIR DEN GOLDENEN BALL!
... VIELEN DANK!
?

DANN BIS BALD!
KANN ICH BALD WIEDER MIT KYLIAN SPIELEN?
UND, KYLIAN, WIE WAR ES MIT ISMAËL UND MATHIAS?
SUPER, MAMA!
ABER KYLIAN!
WARUM IST DER HIER IM MÜLLEIMER?
ACH ... DER! DAS IST MEIN STÜRMER!
NA UND? HAT ER NICHT GENUG TORE GESCHOSSEN?
NEIN! ... IM GEGENTEIL!
ABER ER HAT SICH NICHT AN DIE ANWEISUNGEN GEHALTEN.
ACH WAS? ER IST NICHT ZURÜCKGEKOMMEN UND HAT VERTEIDIGT?
MAMA! ICH HABE DIR DOCH GESAGT, DASS ER STÜRMER WAR!
UND WENN SCHON? DU WEIẞT, ICH BIN SPITZENSPORTLERIN, UND ZWAR IM ANGRIFF, ABER MEINE AUFGABE IST ES AUCH, ZU VERTEIDIGEN, WENN WIR DEN BALL VERLIEREN ...
MAMA! DIE STÜRMER GREIFEN AN, UND DIE ABWEHRSPIELER VERTEIDIGEN. DAS IST DIE GRUNDLAGE IM SPITZENSPORT.
AH?
... UND DIE IM MITTELFELD?
PFFF!

LASS IHN IM MÜLLEIMER. SPITZENSPORT IST WAS FÜR PROFIS.
HALLO, ICH BIN ZURÜCK! ICH HABE DAS TRAINING HEUTE ETWAS FRÜHER BEENDET.
FAUZA? KYLIAN?
ER SPIELT IN SEINEM ZIMMER!
AH?
ÄH … UND DU? DARF ICH FRAGEN, WAS DU IM MÜLLEIMER MACHST?
?
ICH STELLE GERADE MEINE ROLLE ALS ANGRIFFSSPIELERIN IM SPITZENSPORT KOMPLETT INFRAGE.

ICH WAR IN MEINER EIGENEN WELT: FUßBALL UND NOCH EINMAL FUßBALL.
BONDY, SEPTEMBER 2003, GROßE PAUSE
HERR DIREKTOR … ICH MACHE MIR EIN WENIG SORGEN UM KYLIAN.
AH?
SCHAUEN SIE MAL!
JA … ER HÄLT TATSÄCHLICH DIE ARME IN DIE LUFT.
NEIN, DAS IST ES NICHT,
ER IST IMMER ALLEIN.
JA … UND MIT ERHOBENEN ARMEN.
ER SPIELT NIE MIT DEN ANDEREN KINDERN.
JA, DAS IST MIR AUCH SCHON AUFGEFALLEN.
UND WAS SOLL DAS MIT DEN ARMEN?
10

JIRÈS!
JIRÈS!
UND ... IST ES IMMER NOCH SCHÖN IN CLAIREFONTAINE?
JA, ICH ...
KOMM, WIR GEHEN IN MEIN ZIMMER FUßBALL SPIELEN.
ICH ...
AÏE
BIM
BUUT
PAF
BOUM
IST JIRÈS NICHT SCHON EIN BISSCHEN ZU GROß, UM MIT KYLIAN IM ZIMMER FUßBALL ZU SPIELEN?
EINE STUNDE SPÄTER
PAF
BIM
ES SIEHT SO AUS, ALS WÜRDE SICH DIE LAGE BERUHIGEN.
JIRÈS! ABER DU BIST JA GANZ VERSCHWITZT!
MEIN GOTT! IN WAS FÜR EINEM ZUSTAND IST DANN KYLIAN!
WENN ICH NACH CLAIREFONTAINE WILL, MUSS ICH SO SPIELEN WIE DIE, DIE SCHON DORT SIND, ODER?
WAHNSINN! ER HAT JETZT SCHON DAS NIVEAU ...
UND DAS MIT 4 JAHREN!

WEIHNACHTEN 2003
AC MAILAND ... JUVENTUS ...
REAL MADRID ... BARCELONA ...
BAYERN MÜNCHEN ... FC PORTO ...
PARIS SAINT-GERMAIN ...
KYLIAN, KANN ICH DEINE LISTE SEHEN??
JA, MAMA.
WILLST DU DIR WIRKLICH NUR FUßBALLTRIKOTS VOM WEIHNACHTSMANN WÜNSCHEN?
JA, MAMA!
JA, ABER KYLIAN ...
DAS SIND 10 STÜCK!
JA, MAMA!
ABER ES IST DOCH DER WEIHNACHTSMANN, DER SIE MIR BRINGT.

KOMM, KYLIAN ... LASS UNS GEHEN!
NOCH EIN BISSCHEN.
WENN WIR ZU SPÄT NACH HAUSE KOMMEN, HAT DER WEIHNACHTSMANN KEINE ZEIT MEHR, BEI UNS REINZUSCHAUEN.
ES IST NUR ...
KOMM, LASS IHN, WENN IHM EINMAL ETWAS ANDERES AUßER FUßBALL SPAß MACHT.
... DER WEG BIS ZUR CHAMPIONS LEAGUE IST WEIT, ABER DAS MUSS MAN HALT HINNEHMEN ...
... WENN IHR GLAUBT, DASS MIR DAS SPAß MACHT!

UND AM NÄCHSTEN MORGEN …
KYLIAN
PSG
10
UND HIER IST DAS TRIKOT VON REAL MADRID, DAS MACHT DANN 10.
OH JA! DER WEIHNACHTSMANN HAT KEIN EINZIGES VERGESSEN!
UND DANN NOCH DAS SPIEL FIFA 04.
FIFA
DAS IST JA AUCH EIN GESCHENK FÜR PAPA!
KYLIAN
10

MAMA, DAS TRIKOT HIER MUSST DU DEM WEIHNACHTSMANN ZURÜCKGEBEN!
?
?
SCHAU DOCH! DAS IST NICHT MAL DAS ECHTE TRIKOT VON REAL, ES HAT KEIN KREUZ OBEN IM LOGO.
NA UND?
DANN WERDE ICH ES NIE ANZIEHEN!
KOMMT ÜBERHAUPT NICHT INFRAGE!
DAS IST NICHT DAS ECHTE!
WENN ICH BEDENKE, WAS MICH DAS GEKOSTET …
ÄHM, ICH MEINE, BEI ALLER MÜHE, DIE SICH DER WEIHNACHTSMANN DAMIT GEMACHT HAT, ES ZU BESORGEN!
ICH SAGE DIR, DU WIRST DIESES TRIKOT VON REAL TRAGEN!
NEIN, NICHT DAS HIER!
ODER ERST AN DEM TAG, AN DEM REAL DAS KREUZ AUS DEM LOGO RAUSNIMMT.
NA, DANN PASS GUT AUF, DAS VERGESSE ICH NICHT!
KYLIAN 10
ABER DAS ECHTE! DAS WERDE ICH TRAGEN …
WENN ICH GROẞ BIN UND DORT SPIELE.
NEIN, SO EINE SPINNEREI!
UND AUF DER SCHACHTEL VON DEM FIFA-SPIEL, DA WERDE ICH EINES TAGES AUCH DRAUF SEIN, DU WIRST SCHON SEHEN!
SPINNEREI!
DIESES SPIEL IST WIRKLICH GUT!

MEINE ELTERN VERSUCHTEN ALLES MÖGLICHE MIT MIR UND LIEßEN NICHT LOCKER.
ICH BIN PSYCHOMOTORIKERIN. MEINE ARBEIT BESTEHT DARIN, DIE WAHRNEHMUNGSMECHANISMEN ZU UNTERSUCHEN ...
...DAS MOTORISCHE VERHALTEN SOWIE SEINE MERKMALE ...
... UND LÖSUNGEN ZU FINDEN!
IM GROßEN UND GANZEN, KYLIAN, WERDEN WIR VERSUCHEN, HERAUSZUFINDEN, OB DU RECHTSHÄNDER ...
... ODER LINKSHÄNDER BIST.
DAS IST SEHR WICHTIG, WEIßT DU ... IN DEINER SCHULE WOLLEN SIE DAS GERNE WISSEN.
WIR WERDEN 20 SITZUNGEN ZUSAMMEN HABEN.
UND AM ENDE DIESER 20 SITZUNGEN WERDEN WIR WISSEN, OB DU RECHTSHÄNDER ODER LINKSHÄNDER BIST ...
DAS IST DOCH TOLL, ODER?
ALSO ... KOMM EINFACH MIT MIR MIT.
PSYCHOMOTRICIEN(NE)
ICH BRINGE IHN IN 45 MINUTEN ZURÜCK.
PSYCHOMOTRICIEN(NE)
KLAPP
PSYCHOMOTRICIEN(NE)

UND?
NUN JA … ÄHEM …
ICH SAGE ES MAL SO, ES IST SCHON EIN VORTEIL, DASS ER WEIß, WIE ER MIT SEINEN ZWEI FÜßEN FUßBALL SPIELEN KANN.
ICH MEINE … WARUM SOLLTE MAN SICH ENTSCHEIDEN MÜSSEN?
BIS NÄCHSTE WOCHE …
OJE, DAS WIRD HART.
ABER WIR SIND DOCH WEGEN SEINEN HÄNDEN HIER!
WEIßT DU, KYLIAN … EINEN STIFT ZU HALTEN, IST AUCH WICHTIG … UND ZU WISSEN, MIT WELCHER HAND MAN DAS MACHT, IST BESONDERS WICHTIG!
UND SEI ES NUR, UM DEN SPIELBERICHTSBOGEN ZU UNTERSCHREIBEN, WENN DU KAPITÄN BIST.
OKAY! DAS HAB ICH VERSTANDEN.

UNSERER MEINUNG NACH MUSS SICH KYLIAN DER WELT ÖFFNEN ... NEUE AKTIVITÄTEN AUSPROBIEREN ...
SIE KÖNNTEN IHN ZUM BEISPIEL FÜRS THEATER ANMELDEN ... ODER MUSIK MACHEN LASSEN.
JA, DARAN HATTE ICH AUCH SCHON GEDACHT.
MAGST DU MUSIK, KYLIAN?
JA!
UND DAMIT HÄTTE ER AUCH DIE CHANCE, ANDERE INTERESSEN NEBEN DEM FUẞBALL ZU ENTDECKEN!
NA, KYLIAN, WIE IST ES? SOLLEN WIR DICH ZUM MUSIKUNTERRICHT ANMELDEN?
JA, MAMA!
IST DAS DIE MUSIKSCHULE?
DIE MUSIKSCHULE!
KYLIAN
7
UNSER UNTERRICHT BASIERT AUF PÄDAGOGIK ... DEN GRUNDLAGEN DER MUSIK ...
UND NATÜRLICH ... DEM INSTRUMENT.
KYLIAN, DU HAST MIR ERZÄHLT, DASS DU DICH FÜR DIE QUERFLÖTE ENTSCHIEDEN HAST. DAS IST EINE AUSGEZEICHNETE WAHL.

ICH MUSS IHNEN ETWAS ANVERTRAUEN! ER MUSS UNBEDINGT EIN BISSCHEN VON DER WELT DES FUßBALLS WEGKOMMEN ...
ER DENKT AN NICHTS ANDERES MEHR.
ICH VERSTEHE!
VERLASSEN SIE SICH DA NUR AUF MICH!
ICH WERDE EINEN MUSIKER AUS IHREM KLEINEN FUßBALLER MACHEN!
SIE WERDEN SCHON SEHEN!
ALSO LOS, KYLIAN ... 3 ... 4 ...
UND ...
NA ... WIE LÄUFT ES MIT MEINEM KLEINEN MUSIKER?
ES LÄUFT SEHR GUT, ER IST SOGAR GANZ UNGLAUBLICH TALENTIERT. KYLIAN HAT ÜBRIGENS EINE KLEINE ÜBERRASCHUNG FÜR SIE VORBEREITET, EIN STÜCK, DASS ER SICH SELBST BEIGEBRACHT HAT!
DU BIST DRAN, KYLIAN!

ALSO ...
TU TU TU TU TU
DAS MACHT WAS HER, ODER?
TU TU TU TU TU TU TU
DAS IST FABELHAFT!
TU TU TU TU TU TU LUUU
TU
ICH KANN ES GAR NICHT FASSEN!!! UND WISSEN SIE, WAS ER DA SPIELT?
UND OB!
TU TU TU LU TU TU
DIE HYMNE DER CHAMPIONS LEAGUE!!!
LA LA LA LA LA LALA AAAA!

UND MEIN GROẞER BRUDER WIES MIR WEITERHIN DEN WEG.
KYLIAN, HEUTE ABEND FEIERN WIR, DASS JIRÈS BEIM STADE RENNAIS UNTERZEICHNET HAT.
CLAIREFONTAINE IST VORBEI.
BEIM STADE RENÉ?!?
RENNAIS! ... IN RENNES EBEN!
„REINE“? KÖNIGIN?
DAS IST EINE SUPER-MANNSCHAFT, IHR MITTELSTÜRMER IST ALEXANDER FREI!
ALEXANDER FRISCH?
PETR ČECH DER TORWART UND JIMMY BRIAND.
BRILLANT!
ABER HÄTTEST DU NICHT BEI PARIS SAINT-GERMAIN UNTERSCHREIBEN SOLLEN?
JA, ABER RENNES WAR MIR DANN DOCH LIEBER, DA HABE ICH MEHR CHANCEN ZU SPIELEN.
HM, VOR ALLEM HABEN SIE DAS GLÜCK, DICH ZU KRIEGEN.
UND PARIS? MIT DIR HÄTTEN SIE DIE CHANCE GEHABT, MAL WAS ZU GEWINNEN.
NA, SCHAU MAL, WAS ICH DIR MITGEBRACHT HABE ... VON RENNES.
AH!
ER HAT DICH SCHON BEI PARIS SAINT-GERMAIN GESEHEN ... ICH GLAUBE, DA BRAUCHT ER JETZT ETWAS ZEIT.
KLICK
KYL
10 SEKUNDEN, UM GENAU ZU SEIN!
WIR SIND DIE RENNAIS UND WIR WERDEN GEWINNEN.
LOS, RENNES!

CLAIREFONTAINE, JUNI 2004
ACH, KOMMEN SIE, SEIEN SIE SO NETT ... WENN ER SIE NUR MAL SEHEN KÖNNTE.
DAS IST UNMÖGLICH, MEINE DAME.
ER IST 5 JAHRE ALT!
UND, KLEINER MANN, KENNST DU SIE DENN, DIE SPIELER DER FRANZÖSISCHEN NATIONALMANNSCHAFT?
ABER KLAR DOCH!
WER IST DER BESTE?
DAS IST ZIZOU!
UND THIERRY HENRY, WEIẞT DU, WO ER SPIELT, THIERRY HENRY?
DAS IST EINFACH: BEI ARSENAL!
NA, SAG MAL, DU KENNST DICH JA AUS!
DANN NENNE MIR EINEN SPIELER AUS DER FRANZÖSISCHEN NATIONALMANNSCHAFT, DER BEI JUVENTUS SPIELT.
TREZEGUET!
MMMM!
OKAY, MACHEN WIR EINEN TEST: WENN DU MIR SAGST, WER DIE NUMMER 3 TRÄGT, SEINEN VOR- UND NACHNAMEN RICHTIG AUSSPRECHEN UND MIR SAGEN KANNST, WO ER SPIELT ...
DANN NEHME ICH DICH MIT ZU DEN SPIELERN, OBWOHL ICH DAS EIGENTLICH NICHT DARF!
BIXENTE LIZARAZU, BAYERN MÜNCHEN.
ABER ER HAT AUCH FÜR BORDEAUX GESPIELT, DANN FÜR ATHLETIC BILBAO.
ER HAT MATTHÄUS EINE TORTE INS GESICHT GEWORFEN ...
ER MAG MATTHÄUS NICHT!
VIP-→ Bereich

WEIẞT DU WAS, MAMA? ZIZOU HAT MIR DIE ZUNGE RAUSGESTRECKT …
ER HAT MIR DIE ZUNGE RAUSGESTRECKT!
ZIDANE 10

AUFSTEHEN! ES IST HALB SIEBEN!
ZOOM
ABER … HEUTE IST KEINE SCHULE, ES IST MITTWOCH.
NEIN … ABER FUßBALL!
HÖR MAL … FUßBALL IST ERST UM 16 UHR.
JA, ABER ICH WÄRME MICH SCHON AUF!
NA KOMM … ER HAT RECHT. AUFSTEHEN! WIR HABEN EINEN ANSTRENGENDEN TAG VOR UNS …
9 UHR PSYCHOMOTORIKERIN.
10:30 UHR TREFFEN MIT SEINER LEHRERIN. GEH DU DAHIN, ICH HABE EINEN TERMIN BEI MEINEM GYNÄKOLOGEN.
UNANGEMESSENES VERHALTEN,
UNAUFMERKSAMKEIT, UNFÄHIGKEIT, UNTRAGBARE UNFÄHIGKEIT …
… ABER EIN ENTZÜCKENDES KIND!

BURGER
SCHNELL! ISS DEINEN HAMBURGER AUF, ICH MUSS DIR KYLIAN HIERLASSEN. ICH HABE HANDBALLTRAINING …
ER HAT SCHON GEGESSEN!
UM 14 UHR HAT ER MUSIKSTUNDE …
DANN HAST DU GERADE NOCH ZEIT, DICH FÜRS FUßBALLTRAINING UMZUZIEHEN.
14 UHR? ABER DAS IST SCHON IN 10 MINUTEN!
PAPA, WENN DIR DAS LIEBER IST, KÖNNEN WIR GLEICH ZUM FUßBALL GEHEN.
NEIN!
MUSIKSCHULE
JETZT ABER SCHNELL INS STADION … IN 5 MINUTEN TRAINIERE ICH DIE U14!
DAS IST GUT, JUNGS, IHR HABT WÄHREND MEINER ABWESENHEIT SCHON ANGEFANGEN …
ES IST WICHTIG, DIE INITIATIVE ZU ERGREIFEN.
IM FUßBALL … WIE IM LEBEN!
MUSIKSCHULE
PAPA, WIR SIND SPÄT DRAN! ICH VERPASSE DEN ANFANG VOM TRAINING!

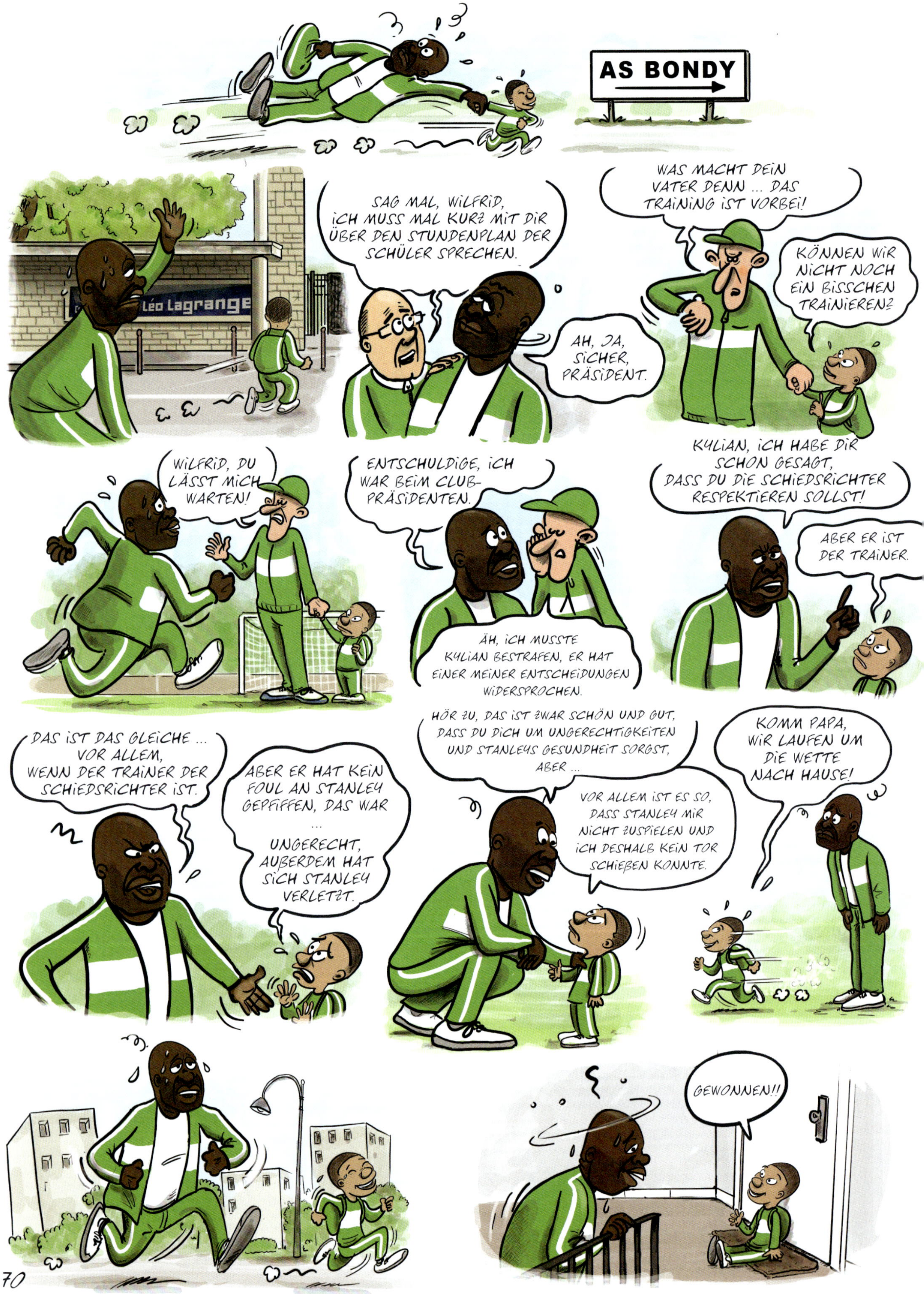
AS BONDY
Léo Lagrange
SAG MAL, WILFRID, ICH MUSS MAL KURZ MIT DIR ÜBER DEN STUNDENPLAN DER SCHÜLER SPRECHEN.
AH, JA, SICHER, PRÄSIDENT.
WAS MACHT DEIN VATER DENN ... DAS TRAINING IST VORBEI!
KÖNNEN WIR NICHT NOCH EIN BISSCHEN TRAINIEREN?
WILFRID, DU LÄSST MICH WARTEN!
ENTSCHULDIGE, ICH WAR BEIM CLUBPRÄSIDENTEN.
ÄH, ICH MUSSTE KYLIAN BESTRAFEN, ER HAT EINER MEINER ENTSCHEIDUNGEN WIDERSPROCHEN.
KYLIAN, ICH HABE DIR SCHON GESAGT, DASS DU DIE SCHIEDSRICHTER RESPEKTIEREN SOLLST!
ABER ER IST DER TRAINER.
DAS IST DAS GLEICHE ... VOR ALLEM, WENN DER TRAINER DER SCHIEDSRICHTER IST.
ABER ER HAT KEIN FOUL AN STANLEY GEPFIFFEN, DAS WAR ... UNGERECHT, AUßERDEM HAT SICH STANLEY VERLETZT.
HÖR ZU, DAS IST ZWAR SCHÖN UND GUT, DASS DU DICH UM UNGERECHTIGKEITEN UND STANLEYS GESUNDHEIT SORGST, ABER ...
VOR ALLEM IST ES SO, DASS STANLEY MIR NICHT ZUSPIELEN UND ICH DESHALB KEIN TOR SCHIEßEN KONNTE.
KOMM PAPA, WIR LAUFEN UM DIE WETTE NACH HAUSE!
GEWONNEN!!

SO, ICH HOFFE, DASS MAMA SCHON DA IST, DAMIT ICH NICHT KOCHEN MUSS.
ABER ZUERST ... MUSS ICH DEINE HAUSAUFGABEN KORRIGIEREN ...
KYLIAN, DAS HIER IST FALSCH.
WILFRID ...
KYLIAN ...
MAMA IST WIEDER ZU HAUSE!
MAMA, ICH HABE PAPA BEIM WETTRENNEN GESCHLAGEN ... BEIM TREPPENSTEIGEN HABE ICH IHN HINTER MIR GELASSEN.
HAST DU NICHT NOCH HAUSAUFGABEN ZU ERLEDIGEN, KYLIAN?
JA, GENAU, KYLIAN ... MACH DEINE HAUSAUFGABEN FERTIG, ICH MUSS PAPA ETWAS WICHTIGES SAGEN ...
UND DANACH DIR.
IST GUT, MAMA
WILFRID, MEIN SCHATZ!
ICH HABE EINE GROẞE NEUIGKEIT.
ICH BIN SCHWANGER!
WIR WERDEN NOCH EIN KIND BEKOMMEN.
WOMM!
WILFRID?

SCHULZENTRUM OLYMPE DE GOUGES
POFF
BUM
HILFE, HERR DIREKTOR!
SO! STRAFARBEIT, ALLE BEIDE.
SEIT BEGINN DES NEUEN JAHRES HAT DIE LEHRERIN GROßE SCHWIERIGKEITEN, MIT KYLIAN FERTIGZUWERDEN ...
... ABER ICH DENKE, ICH HABE EINE LÖSUNG ... ICH WERDE IHN IN EINE ANDERE KLASSE VERSETZEN.
ICH HABE EINE LEHRERIN, DIE ETWAS PÄDAGOGISCHER VORGEHT, DAS WIRD BESSER FÜR IHN SEIN ...
AUßERDEM LIEBT SIE FUßBALL!
ACH, UND WAS ICH IHNEN NOCH SAGEN WOLLTE: ZUM GLÜCK HABEN SIE NICHT ZUGELASSEN, DASS MAN IHN AUF EINE FÖRDERSCHULE SCHICKT! ... KYLIAN HAT UNGLAUBLICHE FÄHIGKEITEN. VIELLEICHT MÜSSEN WIR BALD EINMAL SEINEN IQ TESTEN!
... ABER WIR SOLLTEN DIE DINGE NICHT ÜBERSTÜRZEN!
KYLIAN, ICH BIN SEHR WÜTEND! WARUM HAST DU DICH DIESES MAL GEPRÜGELT?
DER GROßE ROTHAARIGE JUNGE DA HAT GESAGT, ICH HÄTTE EINE ENTENSTIMME.
NA JA ... ER HAT RECHT!
ALSO HAB ICH IHM DEN SCHNABEL GESTOPFT!

ICH MACHE MIR SORGEN UM KYLIAN!
ACH WAS, DAS IST DOCH NICHT SCHLIMM, EINE ENTENSTIMME … UND IRGENDWANN KOMMT ER JA IN DEN STIMMBRUCH.
HÖR AUF! DARUM GEHT ES NICHT. ER LEBT IMMER MEHR IN SEINER EIGENEN WELT … ER STELLT SICH SCHON VOR, FUßBALLER ZU SEIN.
OBWOHL ER ÜBER AUßERGEWÖHNLICHE INTELLEKTUELLE FÄHIGKEITEN VERFÜGT!
ACH, BEIM FUßBALL WIRD AUCH DAS GEHIRN EINGESETZT, WEIßT DU.
NEIN, ABER DAS IST NICHT DAS PROBLEM.
VIELLEICHT SOLLTEN WIR IHN AUS DEM NORMALEN SCHULSYSTEM HERAUSNEHMEN.
UND STATTDESSEN MONTESSORI ODER SO.
AH NEIN, AUF KEINEN FALL! WIE MACHEN DAS DIE ANDEREN?
KYLIAN IST NICHT WIE DIE ANDEREN.
JA … DA HAST DU NICHT UNRECHT.
WEIßT DU … JE MEHR ICH IHN BEIM FUßBALL BEOBACHTE, DESTO MEHR SAGE ICH MIR, DASS ER ETWAS BESONDERES HAT.
ABER ES IST ANDERS ALS BEI DEN ANDEREN, ER VERTEIDIGT NICHT, HAT ANGST VOR KOPFBÄLLEN …
UND TROTZDEM IST ER SEHR GUT. DAS IST SELTSAM.
ICH WERDE IHN ÜBRIGENS IN EINE ÄLTERE GRUPPE NEHMEN … IHN MIT ÄLTEREN KINDERN SPIELEN LASSEN …
UM ZU SEHEN, WIE ER SICH VERHÄLT.
JA, GUT, WECHSLE NICHT DAS THEMA … UND AUßERDEM WERDE ICH MICH WÄHREND MEINER SCHWANGERSCHAFT NICHT SO UM IHN KÜMMERN KÖNNEN, WIE ICH SOLLTE …
ICH WECHSLE NICHT DAS THEMA … VIELLEICHT SOLLTEN SIE IHN JA AUCH EINE KLASSE ÜBERSPRINGEN LASSEN.

UND SO KAM ES, DASS SICH MEHRERE WOCHEN LANG ALLE ABWECHSELND UM MICH KÜMMERTEN.
LOUISE, DAS IST GANZ LIEB VON DIR, DASS DU MIT KYLIAN ZUM SPIELEN IN DEN PARK GEHST, ICH BIN TOTAL ERLEDIGT, ICH KANN MICH KAUM NOCH BEWEGEN.
ACH, DAS MACHT MIR DOCH SPAß!
UND MIR AUCH!
ICH HABE HEUTE DEN GANZEN TAG ZEIT FÜR DICH, MEIN KLEINER KYLIAN.
TANTE LOUISE!
UND DENK AN MEINE TECHNIK, WENN DU MAL 5 MINUTEN RUHE HABEN WILLST.
SPIELEN WIR FUßBALL?
KYLIAN?
... SCHON DA?
JA! ICH LAUFE JETZT SCHNELL, WEIßT DU?
SAG MAL, TANTE, DU HAST NICHT SO VIEL AUSDAUER, MAN MERKT, DASS DU KEINE HANDBALLERIN BIST WIE MAMA.
?
UND?
SUPER! ... WIR HABEN NICHT NUR GESPIELT, SONDERN ER HAT MIR AUCH VON SEINER KARRIERE ERZÄHLT:
DIE FRANZÖSISCHE NATIONALMANNSCHAFT ...
WELTMEISTER ...
REAL MADRID ...
... ER IST EIN KLEINER TRÄUMER, DEIN SOHN, ODER?
ACH DAS? JA ... DAS IST IM MOMENT SEIN DING ... DAS WIRD VORBEIGEHEN.
NA DANN, ICH MUSS LOS, ICH MUSS EIN BISSCHEN SCHLAFEN!

TANTE LOUISE UND TANTE HELENE,
WELTMEISTER ... OLYMPISCHE SPIELE ... GOLDENER BALL ...
JA, JA, ICH WEIß, UND SONST? WAR DIE VORSTELLUNG GUT?
TANTE SORAYA,
PARIS SAINT-GERMAIN ... REAL MADRID ... BESSER ALS CRISTIANO RONALDO ...
JA, DAS WIRD IRGENDWANN VORBEIGEHEN ... UND DAS KONZERT? WIE WAR'S?
TOUNSIA UND WIEDER FATI
WIR HABEN ES HEUTE GESCHAFFT, IM WALD WENIGER ZU RENNEN ... ABER DAFÜR WISSEN WIR JETZT ALLES ÜBER SEINE ZUKÜNFTIGE KARRIERE, VON PARIS SAINT-GERMAIN BIS ZU REAL UND ZUR FRANZÖSISCHEN NATIONALMANNSCHAFT ...
DER KLEINE TRÄUMER!
ÄH, JA!!
SAG MAL, KYLIAN, KANNST DU NICHT EIN BISSCHEN STILLER DAVON TRÄUMEN, FUßBALLER ZU WERDEN? DAS WÄRE SCHON NICHT SCHLECHT ... ALLES ANDERE WIRKT EIN BISSCHEN VERRÜCKT.
ABER MAMA, FUßBALLER BIN ICH DOCH SCHON ...
... ICH MUSS NUR WARTEN, BIS ICH GROß BIN, DAMIT ES JEDER WEIß!
PAPA UND DIE SPIELE DER GROßEN
PAPA! ICH FREUE MICH RIESIG, DASS DU MICH ZUM SPIEL DER GROßEN MITNIMMST.
OKAY, KYLIAN!
... WÄHREND ICH MEINEN KLEINEN VORTRAG HALTE, SETZT DU DEINE KOPFHÖRER AUF UND SCHAUST DIR COMICS AN, JA?
ÄH ...
HAST DU DIE „FRANCE FOOTBALL" DA? DIE WÜRDE ICH LIEBER LESEN.

LOS, LEUTE! WIR KONZENTRIEREN UNS ALLE AUF DIE LEISTUNG DER MANNSCHAFT!
ICH WILL KONZENTRATION SEHEN, ABER AUCH VIEL GEDULD ... UND VOR ALLEM ...
MÜSST IHR DIE BESTEN SEIN BEI DER SPIELFREUDE ...
STÄRKE ...
TECHNIK ...
SCHNELLIGKEIT ...
UND WAS BESONDERS ZÄHLT, IST DER WILLE.
TEMPO, SCHUSSKRAFT ... ARBEITET AN EUREN SCHWÄCHEN, SPIELT MIT EUREN STÄRKEN ...
BLEIBT RUHIG EIN BISSCHEN LEICHTSINNIG.
ABER MACHT EURE SPIELZÜGE ...
... DAMIT WIR NACHHER NICHTS BEREUEN.

NA LOS, LEUTE, MACHT EIN GUTES SPIEL!
PUH
KOMM, KYLIAN, WIR GEHEN!
PAPA ... MIR GEFALLEN DEINE VORTRÄGE.
AH JA? HAST DU ZUGEHÖRT?
ABER SAG MAL, DU HAST AM ENDE LAUT GESCHRIEN ... DAS WAR KEIN VORTRAG, DAS WAR EHER SCHREIEN.
ACH, DAS WAR NOCH GAR NICHTS ... WARTE MAL BIS ZUR HALBZEIT, FALLS WIR VERLIEREN!

ALLES GUTE ZUM GEBURTSTAG, ALLES GUTE ZUM GEBURTSTAG, KYLIAN ...
DU WIRST WIEDER VERWÖHNT, HIER IST DAS LETZTE GESCHENK ... DAS VON ONKEL ALAIN!
ALLES GUTE ZUM GEBURTSTAG!
OOOOH!
EIN 3D-MODELL VOM STADION VON REAL MADRID
ICH HOFFE, DAS LÄUFT NICHT WIEDER SO WIE BEI DEM TRIKOT, DAS DU BEKOMMEN HAST ... DASS DA EIN KREUZ ODER SO WAS FEHLT!
DAS WERDEN WIR AN DEM TAG KONTROLLIEREN, AN DEM ICH MIT EUCH DORTHIN GEHE.
ER HAT DA IMMER NOCH KEINE ZWEIFEL?!?
NEIN, DAS IST SICHER!
MEIN KLEINER TRÄUMER.

29. DEZEMBER 2006
WILFRID, MIR GEHT ES NICHT GUT!
VIELLEICHT KOMMT ETHAN NUN AUF DIE WELT!
JETZT SCHON?
HAA HAAAA HAAAAA HAAAA!
FÜR DIE AUSBILDUNG UND FÜR DEN FUßBALL WÄRE ES BESSER, WENN ER IM JANUAR GEBOREN WIRD, ODER?
HAA … HAAA … HAAAA …
VROOOOOM!
C.H.U Krankenhaus
Krankenhaus
HAAAA …
DER HERZSCHLAG DES BABYS LIEGT BEI 10, WIR MÜSSEN SOFORT OPERIEREN!
WIR RISKIEREN, ES ZU VERLIEREN!
UND DIE MUTTER AUCH!
WILFRID!
ICH HABE GEZÄHLT … ES SIND 13 LEUTE, DIE MICH ENTBINDEN.
WILFRID?

HAAAAAAA!
DA IST ES.
WÄÄÄH!!
WILFRID, MACH EIN FOTO VON DEM BABY, SIE WERDEN ES GLEICH MITNEHMEN.
SCHNELL! INSTABILER NEUGEBORENER.
OUIN
ER MUSS INTUBIERT WERDEN!
BEEILEN SIE SICH ... WIR MÜSSEN DAS BABY INTUBIEREN!
OUIIIN
DOKTOR ... SAGEN SIE MIR, DASS ER LEBEN WIRD.
WÄÄÄH
ZEIG MIR DAS FOTO ...
MEIN BABY!
ÄHM! ... DAS IST DIE ZIMMERDECKE!
EXTREMES FRÜHCHEN ... EXTREMES FRÜHCHEN ...
WILL?
WOMM
AM NÄCHSTEN TAG ...
UND PAPA! IST ÉTHAN JETZT DA?
JA, UND SOGAR ZU SCHNELL!
ÉTHAN IST EIN EXTREMES FRÜHCHEN ... WEIẞT DU, WAS DAS IST?
SCHNELL?
EXTREM?

KYLIAN, ICH BIN DEIN BRUDER!
OJEMINE!
EXTREMES FRÜHCHEN HEIẞT, ER IST VIEL ZU FRÜH UND DESHALB SEHR UNREIF AUF DIE WELT GEKOMMEN.
EXTREM ...
SEHR REIF! OJE, OJE!
UND ER IST AUCH NOCH SCHNELL?
UND DESHALB HABEN SIE IHN ZUR BEOBACHTUNG DABEHALTEN!
ZUR BEOBACHTUNG!!!
WIE DIE SCOUTS DER GROẞEN CLUBS, DIE DIE SPIELE BEOBACHTEN, UM DIE BESTEN SPIELER ZU KRIEGEN.
ECHT GUT, DER KLEINE MBAPPÉ.
DEN NEHMEN WIR.
ICH HABE IHN ZUERST GESEHEN!
OJE, ZUR BEOBACHTUNG?!? ICH HOFFE, DASS SIE IHN NICHT GLEICH BEHALTEN!
ABER NEIN, ALLES WIRD GUT ...
ER HAT ÜBERALL DRÄHTE, DIE MIT SELTSAMEN MASCHINEN VERBUNDEN SIND.
BIP BIP BIP BIP
GRÖẞE EINER STREICHHOLZ-SCHACHTEL
JA, DAS BERUHIGT MICH TROTZDEM NICHT!
MICH AUCH NICHT!
DAS WAR'S DANN WOHL ... DER JUNGE IST SUPERSCHNELL, ER IST EXTREM, UND DIE GROẞEN CLUBS SCHAUEN SICH SCHON AN, WAS ER KANN – UND DIE MEINEN, DASS ICH MIR KEINE SORGEN MACHEN SOLL?
DAS IST RÜHREND, WIE BESORGT ER UM SEINEN KLEINEN BRUDER IST ...
HOFFEN WIR, DASS ALLES GUT GEHT.

UND NACH DREI MONATEN IM KRANKENHAUS KONNTE ICH MEINEN KLEINEN BRUDER ENDLICH KENNENLERNEN.
KYLIAN, DAS IST DEIN KLEINER BRUDER.
?
ABER DER IST JA GANZ KLEIN!
NATÜRLICH! ER IST EIN EXTREMES FRÜHCHEN.
?
?
?
UND ER SIEHT NICHT SO AUS, ALS OB ER SCHNELL LAUFEN KÖNNTE!
HIHI... ES WIRD ÜBER EIN JAHR DAUERN, BIS ER LAUFEN KANN!
AH?
UND DANN HABEN DIE „BEOBACHTER“ IHN UNS ZURÜCKGEGEBEN, ALS SIE MIT DER BEOBACHTUNG FERTIG WAREN?!?
JA ... SIE HABEN GESAGT, ER SEI GESUND ... OBWOHL ER KLEIN UND SEHR ZART IST.
DU ÜBERRASCHST MICH! DAFÜR WAR ES NICHT NOTWENDIG, DIE BEOBACHTER ZU RUFEN!
NUN JA ... DA HABEN WIR VIEL ARBEIT VOR UNS.
ABER MIT MIR ALS TRAINER BIN ICH SICHER, DASS WIR ETWAS ERREICHEN WERDEN.
BRABBEL

DAMIT ICH BESSER FORTSCHRITTE MACHEN KONNTE, HATTE MEIN PAPA MICH HÖHERGESTUFT.
AS BONDY GEGEN PUC, ALTERSKLASSE U10
HEY, SCHAUT EUCH DIESEN ZWERG AN, DER FÜR BONDY SPIELT.
HAHAHA, GEH ZURÜCK IN DIE U6!
ALSO, JUNGS, WIR MACHEN ES WIE IM TRAINING!
BOUCH RI
KYLIAN, DU SUCHST NACH EINER MÖGLICHKEIT AUSZUGLEICHEN, DASS SIE GRÖßER SIND ALS DU!
ICH VERTRAUE DIR!
OKAY, PAPA!
KYLIAN IST KOMISCH ... ER HAT DEN COACH PAPA GENANNT!
BIST DU SICHER?
GUT ... WIR WERDEN SEHEN, OB KYLIAN DIE NACHTEILE SEINES KÖRPERLICHEN DEFIZITS AUSGLEICHEN KANN.
AUA!
DEINER!
?
MEINER!
NA SO WAS ... ER FORDERT EINEN DOPPELPASS, UM EINE ANSTRENGUNG ZU VERMEIDEN, DIE FÜR IHN KÖRPERLICH ZU HART IST ...
ER HAT SCHON ALLES VERSTANDEN.
DESHALB KANN ER SICH WEITER SO DURCHSETZEN WIE IN SEINER ALTERSKLASSE.

GUT GEMACHT, JUNGS, DAS WAR EIN TOLLES SPIEL, UND IHR HABT EUCH SUPER AN DIE ANWEISUNGEN GEHALTEN. AM MITTWOCH NACH DEM TRAINING GEBE ICH EINEN SNACK AUS, UM DEN SIEG ZU FEIERN!
JA!
UND, KYLIAN, HAT ES DIR GEFALLEN, MIT DEN GROẞEN ZU SPIELEN?
JA … DAS WAR INTERESSANT.
WAS HAST DU GELERNT?
NA JA … DASS SIE NICHT BESSER SIND ALS DIE KLEINEN?
ÄHEM … JA GUT … DAS IST NICHT GANZ FALSCH!
ICH WERDE DIR SAGEN, WAS DU GELERNT HAST: DU HAST GELERNT, DASS MAN MIT KÖPFCHEN SEINE SCHWÄCHEN AUSGLEICHEN KANN …
IN DEINEM FALL DIE KÖRPERLICHEN.
TECHNISCH STEHST DU IHNEN IN NICHTS NACH … UND KÖRPERLICH KONNTEST DU DIE HILFE DER MANNSCHAFTSKOLLEGEN NUTZEN, UM DEIN SPIEL AUFZUBAUEN.
AH!
ÄH, JA!
ICH BIN SEHR STOLZ AUF DICH, MEIN SOHN!
ACH, WEIẞT DU, PAPA, DAS KOMMT GANZ VON SELBST.
… VOM SPIELEN MIT JIRÈS.
UND SPÄTER WERDE ICH DAS ALLES MEINEM KLEINEN BRUDER BEIBRINGEN …
DAS IST FAMILIE!

BONDY, JUNI 2007
WILFRID, ICH GEH RUNTER ZUM STADION, MIT MEINEN KUMPELS FUßBALL SPIELEN.
OKAY, JIRÈS!
PAPA, ICH GEH RUNTER ZUM STADION, MIT JIRÈS UND SEINEN KUMPELS FUßBALL SPIELEN.
NEIN, ÉTHAN! DU BLEIBST ERST EINMAL HIER!
BA BI BO ...
UND ICH ... EIN KLEINES SPIEL IN DER 1. LIGA.
GANZ IN RUHE.
GRÉGORINI ... BIANCALANI ... DER AN GRÉGORINI ABGIBT ...
ZZZ
KLICK!
NA LOS, PAPA!
WAS, WILFRID! DU GUCKST NICHT DIE 1. LIGA?
IM MOMENT GIBT ES HIER IN BONDY VOR MEINEM FENSTER MEHR ZU SEHEN!

IM FUßBALL HABE ICH SCHNELL FORTSCHRITTE GEMACHT, ABER VOR ALLEM WOLLTE ICH SPAß HABEN.

MEINE SCHULISCHE LAUFBAHN MACHTE MEINEN ELTERN IMMER NOCH SORGEN, DESHALB BESCHLOSSEN SIE, MICH TESTEN ZU LASSEN.
zxy xyz yzx zyx yzx zxy xzx yzy zxz
DIE ANDEREN KINDER SIND IN DER PAUSE ... KANN ICH MIT IHNEN FUßBALL SPIELEN GEHEN?
NEIN, KYLIAN, DAS IST NICHT MÖGLICH.
DU MACHST HIER EINEN SEHR WICHTIGEN IQ-TEST ... FÜR DICH GIBT ES KEINE PAUSE. ... TUT MIR LEID!
MACHEN WIR WEITER!
KRATZ KRATZ
SEHR GUT, KYLIAN! ICH WERDE DAS ALLES ÜBERPRÜFEN ...
UND DIE ERGEBNISSE DANN AN DEN DIREKTOR DEINER SCHULE SCHICKEN.
SPÄTER!
WIE VIELE BEINE HAT DER ELEFANT? ANTWORT: 9!
WAS IST DAS DENN! DER ERSTE TEIL DES TESTS IST AUSGEZEICHNET ... DER ZWEITE TEIL DEUTET AUF EINE GEISTIGE BEHINDERUNG HIN!!!
HALLO, KYLIAN ... WEGEN EINES KLEINEN TECHNISCHEN PROBLEMS MÜSSEN WIR DEN TEST WIEDERHOLEN ...
ABER DIESES MAL DARFST DU IN DER PAUSE FUßBALL SPIELEN GEHEN.
VIELEN DANK!
MEINE LIEBE FAYZA, WIR HABEN DIE ERGEBNISSE VON KYLIANS IQ-TEST ERHALTEN, UND TATSÄCHLICH HAT ER EINEN ÜBERDURCHSCHNITTLICH HOHEN IQ.
AHA?
KYLIAN IST WIRKLICH WEIT FÜR SEIN ALTER.
MANCHE WÜRDEN DAS ALS HOCHBEGABT BEZEICHNEN!
SO! DAS IST DAFÜR, DASS ICH MEINEN KYLIAN AUF DIE FÖRDERSCHULE SCHICKEN SOLLTE!
WIR WERDEN IM NEUEN SCHULJAHR EINEN SPEZIELLEN KURS FÜR IHN EINRICHTEN. ER WIRD DAS PROGRAMM DER 1. UND DER 2. KLASSENSTUFE IN EINEM JAHR DURCHLAUFEN.
WIE BEIM FUßBALL? WERDE ICH HÖHERGESTUFT?

UND BIS DU IN DER SCHULE HÖHERGESTUFT WIRST, WERDE ICH DICH FÜRS THEATER ANMELDEN.
WIESO DENN THEATER? BIST DU SICHER, DASS ICH DAFÜR NEBEN MEINEM FUßBALL-TRAININGSPLAN NOCH ZEIT HABE?
JA! UND ES PASST AUCH NOCH MIT DEINEM STUNDENPLAN FÜR DIE SCHULE.
AH?
SEIT DER GEBURT VON ÉTHAN FÄLLT ES DIR SCHWER, IM UNTERRICHT ZUZUHÖREN, UND ICH GLAUBE, DAS THEATER WIRD DIR GUTTUN, BIS IM NÄCHSTEN JAHR DAS NEUE SCHULPROGRAMM BEGINNT.
EINVERSTANDEN, MAMA!
ICH BIN ES, KYLIAN, DEIN FREUND DIE ZIKADE.
WAS WILLST DU?
WAS WILL ICH?
ÄH ... EINEN BALL ZUM FUßBALL-SPIELEN!
NEIN, KYLIAN ... DA MUSST DU SAGEN: ICH KAM GERADE VORBEI UND WOLLTE GUTEN TAG SAGEN.
NA LOS, MEIN KLEINER, FANGEN WIR NOCH EINMAL AN.
ICH BIN NUR VORBEIGEKOMMEN, UM HALLO ZU SAGEN.
UND DAS WAR'S!
UND KENNST DU IRGENDWELCHE THEATERSCHAUSPIELER?
ÄH ... CANTONA ... DOMENECH ... FRANCK LEBOEUF ...
AH?
MAMA, ICH MAG DAS THEATER, ABER DEN LEHRER NICHT SO SEHR ...
AH ... ES SCHEINT, IHR HABT NICHT GANZ DIE GLEICHEN VORSTELLUNGEN VON THEATER.
NEIN, DAS IST NICHT DER GRUND!

DAS NEUE SCHULJAHR 2007
ERINNERST DU DICH NOCH DARAN, WAS ICH DIR ÜBER DEN SPEZIELLEN KURS IN DIESEM SCHULJAHR ERZÄHLT HABE, KYLIAN? ... UND JETZT SEID IHR SCHON ZU ZWEIT.
HALLO, KYLIAN, ICH BIN MARTIN, ICH HABE GEHÖRT, DU WILLST FUßBALLER WERDEN, ICH STREBE EHER EINE KARRIERE IN DER POLITIK AN.
I HAVE A DREAM!
DAS EINE SCHLIEßT DAS ANDERE NICHT AUS!
MEIN KYLIAN!
MÖCHTEST DU NICHT EINE KLEINIGKEIT ESSEN, BEVOR DU DEINE HAUSAUFGABEN MACHST?
NEIN, MAMA, LIEBER DANACH.
SEUFZ

WEIßT DU, KYLIAN, IM LEBEN MUSS MAN WISSEN, WAS MAN WILL!
ICH DENKE, ICH WERDE MIR ZUERST IN DER PROVINZ EINEN NAMEN MACHEN ... DANN IN PARIS UND SCHLIEßLICH IN GANZ FRANKREICH UND IM AUSLAND.
UND DU ... WAS WILLST DU?
FRAU MBAPPÉ, ICH GLAUBE, KYLIANS EINZIGES ZIEL IST, ROSA FUßBALLSCHUHE ZU TRAGEN.
DAS TUT MIR LEID FÜR SIE!
KYLIAN, DAS PROGRAMM FÜR DIE ERSTE KLASSENSTUFE ENDET FÜR DICH IM FEBRUAR, BEVOR DU MIT DEM UNTERRICHT FÜR DIE 2. KLASSENSTUFE ANFÄNGST.
WENN DU BIS DAHIN GUTE NOTEN HAST, KAUFEN WIR DIR DIE SCHUHE.
WIRKLICH?
KYLIAN: 1, MARTIN: 2.
SEHR GUT, ALLE BEIDE.
NA JA, ... NICHT SCHLECHT FÜR EINEN FUßBALLER.
HIER, KYLIAN! DU HAST SIE DIR VERDIENT.

DU TRÄGST DIE STOLLENSCHUHE DOCH NICHT ETWA IM UNTERRICHT?
NA UND, DU HAST JA AUCH EINE ANZUGJACKE AN!
MARTIN 1 ... KYLIAN ... UNGENÜGEND! ES LÄUFT SCHON SEIT EINIGER ZEIT NICHT MEHR SO GUT.
ICH WEIẞ NICHT, WAS DA IN DER SCHULE LOS IST, FAUZA? NACH EINEM SO GUTEN ERSTEN HALBJAHR HAT KYLIAN VOLLKOMMEN NACHGELASSEN.
NA SO WAS!
KYLIAN!
WAS SIND DAS FÜR SCHLECHTE NOTEN AUF DEINEN SCHULZEUGNISSEN?
ABER MAMA!
DASS DU NICHTS MEHR MACHST, SEIT DU DEINE SCHUHE HAST, IST SCHLIMM GENUG, ABER DASS DU AUCH NOCH DEIN ZEUGNIS VERFÄLSCHST, DAS IST ZU VIEL ...
DAS GEHT SO NICHT! BIS AUF WEITERES KEIN FUẞBALL MEHR!
GANZ GENAU!

BUUHUUUU
UUUUUUUUUU
KRACK!
BOM BOM BOM

CRISTIANO RONALDO
RÄUM AUF!
ICH WERDE DIR HELFEN, MEIN SOHN ... UND DANN REDEN WIR.
PAPA, DER FUßBALL, DAS IST MEIN GANZES LEBEN ... NUR DA BIN ICH GUT.
ABER IN DER SCHULE BIST DU AUCH SUPERSTARK ... DAS DARFST DU NICHT AUFGEBEN.
DAS WAR, WEIL ICH DIE ROSA SCHUHE WOLLTE.
EBEN ... WENN DU ETWAS WILLST, KANNST DU ES AUCH ERREICHEN ...
DAS IST EINE GUTE LEKTION, DIE DU DIR MERKEN SOLLTEST!
JA! UND ICH WILL FUßBALLER WERDEN!
LASST MICH MIT DER SCHULE AUFHÖREN!
ICH BIN KEIN KLEINER TRÄUMER! ... ICH WERDE DAS SCHAFFEN!
... DAS IST DIE LEKTION, DIE ICH MIR MERKEN WILL.

UND LANGSAM BEGANN ICH, DEN FUẞBALL DER ERWACHSENEN ZU VERSTEHEN.
ABER WARUM LÄSST MICH DER TRAINER NICHT SPIELEN?
WIRST DU AUCH BESTRAFT, JIRÈS?
HAST DU DEINE NOTEN IN DER „FRANCE FOOTBALL" GEÄNDERT UND DEIN COACH HAT DICH ERWISCHT?
DARFST DU JETZT AUCH NICHT MEHR FUẞBALL SPIELEN?
?
SAG MAL, KYLIAN, WAS REDEST DU DA?
NA, WENN MAN NICHT SPIELEN DARF, MUSS ES EINEN GRUND DAFÜR GEBEN ... BEI MIR IST DAS AUF JEDEN FALL SO, ICH HABE FUẞBALLVERBOT ...
... WEGEN MEINER NOTEN!
NEIN, NEIN, DAS IST NICHT DER GRUND!
?
WAS IST ES DANN?
ENTSCHEIDUNG DES TRAINERS!!!
ABER DAS IST DOCH BESCHEUERT ... ICH HABE OFT GENUG MIT DIR GESPIELT, UM ZU WISSEN, DASS DU IN JEDE MANNSCHAFT IN DER 1. LIGA PASSEN WÜRDEST.
KÖNNTE ICH NÄCHSTE WOCHE MIT DIR ZUM TRAINING KOMMEN? DANN SIND FERIEN UND ICH DARF JA SOWIESO NICHT FUẞBALL SPIELEN.
HMM, JA!
UND SO ... EINIGE TAGE SPÄTER
RENNES
PAH!
HALLO, JIRÈS ... UND DU BIST KYLIAN, NICHT WAHR? SEIN KLEINER BRUDER.
JA, UND DARF ICH IHNEN EINE FRAGE STELLEN?
WARUM SPIELT JIRÈS NICHT?

HOPPLA! ENTSCHULDIGEN SIE BITTE, HERR LACOMBE.
DAS IST DAS LETZTE MAL, DASS DU MIT ZUM TRAINING KOMMST, KYLIAN ... DIE PROFIWELT FUNKTIONIERT SO NICHT!
BEI MIR SCHON!
WIR SPIELER SEHEN DIE DINGE AUF DIE EINE ART UND DIE TRAINER AUF DIE ANDERE!
DAS WIRST DU NOCH VERSTEHEN, WENN'S SO WEIT IST!
TRAINER MÖGEN ES NICHT, WENN MAN SIE KRITISIERT.
SPAR DIR DIE SPUCKE. DU BRAUCHST DEINEN SCHWUNG, UM BEIM TRAINING ABZULIEFERN.
UND DAS IST NICHT KYLIAN DER SPIELER, DER MIT DIR REDET, SONDERN KYLIAN DER TRAINER!
NEIN, SO EINE SPINNEREI!
BONDY
PAH!
SAG MAL, JIRÈS, ICH HABE GESEHEN, DASS DU IM SPIELBERICHTSBOGEN FÜR DAS NÄCHSTE AUSWÄRTSSPIEL VON RENNES STEHST!
ACH?
TJA, OFFENSICHTLICH GIBT ES TRAINER, DIE GERN KRITISIERT WERDEN.
ALSO, IHR SOLLTET KYLIAN SCHNELL WIEDER ZUM FUSSBALLSPIELEN SCHICKEN ...
ER IST SONST SCHWER ZU ERTRAGEN.

RENNES, EINIGE TAGE SPÄTER
JIRÈS KEMBO, DER ÜBERLÄUFT ...
FLANKE FÜR BRIAND ...
... UND EIN TOR DES FRANZÖSISCHEN NATIONALSPIELERS JIMMY BRIAND!
SPIELENDE
JIRÈS! JIRÈS! JIRÈS!
KYLIAN, KOMM, ICH STELLE DIR JIMMY BRIAND VOR, DAMIT DU EIN FOTO MIT IHM MACHEN KANNST.
UMKLEIDE
BIST DU VERRÜCKT, WARUM SOLL ICH EIN FOTO MIT JIMMY BRIAND MACHEN?
NA, ABER ... ER IST DER BESTE IN DER MANNSCHAFT.
FÜR MEINE SAMMLUNG MACHE ICH LIEBER EIN FOTO MIT DIR!
DAVON HAST DU DOCH SCHON GENUG!
UND HIER IST ES! EIN FOTO MIT JIRÈS AN DER WAND FÜR JIRÈS.
EINE WAND FÜR JIRÈS ... EINE WAND FÜR CRISTIANO RONALDO, EINE WAND FÜR NEYMAR ...
OH JA! DIE FAMILIE UND DIE STARS.
ABER ES GIBT NOCH EINE FREIE WAND IN DEINEM ZIMMER, FÜR WEN WIRD DIE SEIN?
RATE MAL.
KATEGORIE STARS ODER KATEGORIE FAMILIE?
BEIDES!

ERWACHSENENFUSSBALL WAR ... NICHT IMMER FREUNDLICH.

NA, WO IST ER DENN ABGEBLIEBEN, DER KLEINE WICHT!
HAT ER DIE SEITEN GEWECHSELT?
TAP
SPIELENDE!
TRiii TRiiii TRiiiiii
ABER WARUM HAST DU DENN KYLIAN WÄHREND DES SPIELS AUF DIE ANDERE SEITE GESTELLT?
ER HAT NICHTS ANGEBOTEN, DER TYP VOR IHM HAT IHM ANGST GEMACHT!
JA, DAS HAB ICH GESEHEN, ABER DU HÄTTEST IHN DORT LASSEN MÜSSEN … ER HÄTTE SICH SCHON DURCHGESETZT.
ICH FAND, ER WAR UNSICHER UND GEHEMMT.
UND?
ABER PAPA! ES WAR DER TRAINER, DER MICH …
ICH MÖCHTE NICHT, DASS DU DICH VON EINEM GEGNER BEEINDRUCKEN ODER EINSCHÜCHTERN LÄSST!
DAS IST DIE GRUNDLAGE!
MIT DEINEM SPIEL KANNST DU JEDEN IN SCHWIERIGKEITEN BRINGEN …
ICH WEIß!
UND SOLANGE ICH DA BIN, KANN DIR NICHTS PASSIEREN!
ABER WÜRDE DICH NIEMAND KENNEN, WÄRE ES DOCH GENAU DAS GEGENTEIL.
GENAU!
DU HAST ALLES VERSTANDEN.
BZZ BZZ BZZZ

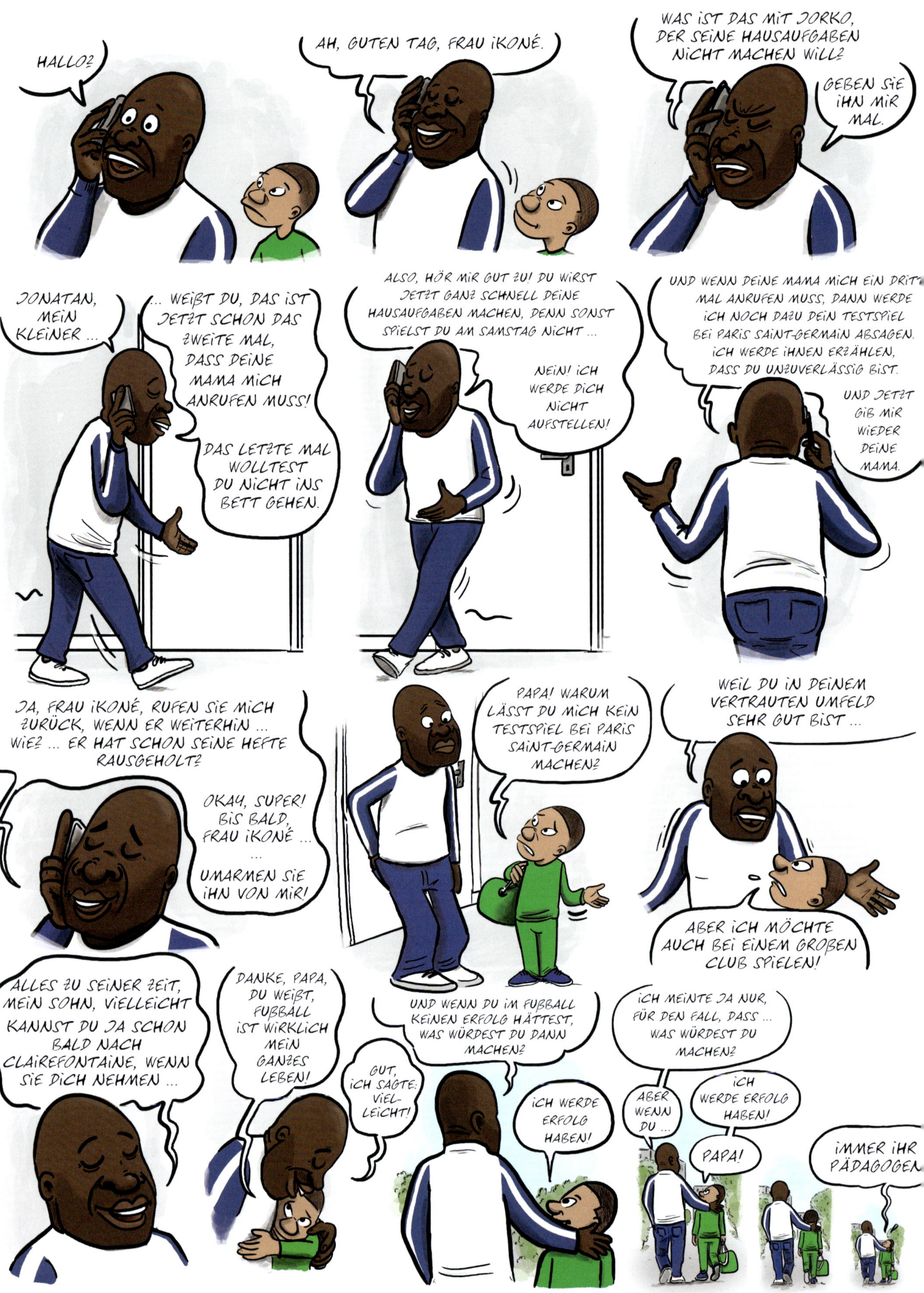
HALLO?
AH, GUTEN TAG, FRAU IKONÉ.
WAS IST DAS MIT JORKO, DER SEINE HAUSAUFGABEN NICHT MACHEN WILL?
GEBEN SIE IHN MIR MAL.
JONATAN, MEIN KLEINER …
… WEIßT DU, DAS IST JETZT SCHON DAS ZWEITE MAL, DASS DEINE MAMA MICH ANRUFEN MUSS!
DAS LETZTE MAL WOLLTEST DU NICHT INS BETT GEHEN.
ALSO, HÖR MIR GUT ZU! DU WIRST JETZT GANZ SCHNELL DEINE HAUSAUFGABEN MACHEN, DENN SONST SPIELST DU AM SAMSTAG NICHT …
NEIN! ICH WERDE DICH NICHT AUFSTELLEN!
UND WENN DEINE MAMA MICH EIN DRITTES MAL ANRUFEN MUSS, DANN WERDE ICH NOCH DAZU DEIN TESTSPIEL BEI PARIS SAINT-GERMAIN ABSAGEN. ICH WERDE IHNEN ERZÄHLEN, DASS DU UNZUVERLÄSSIG BIST.
UND JETZT GIB MIR WIEDER DEINE MAMA.
JA, FRAU IKONÉ, RUFEN SIE MICH ZURÜCK, WENN ER WEITERHIN … WIE? … ER HAT SCHON SEINE HEFTE RAUSGEHOLT?
OKAY, SUPER! BIS BALD, FRAU IKONÉ … … UMARMEN SIE IHN VON MIR!
PAPA! WARUM LÄSST DU MICH KEIN TESTSPIEL BEI PARIS SAINT-GERMAIN MACHEN?
WEIL DU IN DEINEM VERTRAUTEN UMFELD SEHR GUT BIST …
ABER ICH MÖCHTE AUCH BEI EINEM GROßEN CLUB SPIELEN!
ALLES ZU SEINER ZEIT, MEIN SOHN, VIELLEICHT KANNST DU JA SCHON BALD NACH CLAIREFONTAINE, WENN SIE DICH NEHMEN …
DANKE, PAPA, DU WEIßT, FUßBALL IST WIRKLICH MEIN GANZES LEBEN!
GUT, ICH SAGTE: VIEL-LEICHT!
UND WENN DU IM FUßBALL KEINEN ERFOLG HÄTTEST, WAS WÜRDEST DU DANN MACHEN?
ICH WERDE ERFOLG HABEN!
ICH MEINTE JA NUR, FÜR DEN FALL, DASS … WAS WÜRDEST DU MACHEN?
ABER WENN DU …
ICH WERDE ERFOLG HABEN!
PAPA!
IMMER IHR PÄDAGOGEN

BONDY, APRIL 2010
NA SO WAS!
UNSERE TALENTSCOUTS HATTEN RECHT!
LOS, BONDY!
ICH SEHE DEN GOLDENEN BALL SCHON VOR MIR!
SIEH AN! NOCH EINER!
HAHA, WIE ER ÜBERTREIBT.
ICH MUSS UNBEDINGT MIT SEINEN ELTERN SPRECHEN!
SIE MÜSSEN NICHT WEITER SUCHEN, WIR SIND HIER!
ICH BIN DAVID LASRY, DER VERTRETER DES SM CAEN!
WILFRID, FREUT MICH SEHR! UND DAS IST MEINE FRAU FAYZA.
EIN TALENT!
SO WAS HABE ICH NOCH NIE GESEHEN!
SEINEM ALTER WEIT VORAUS!
VERTRAG MIT UNS!
UNERHÖRT!
AUßER-GEWÖHNLICH!
EINZIG-ARTIG!
HOPPLA! GANZ RUHIG.
UNSER SOHN KYLIAN WEIß NOCH NICHTS VON DER AUFREGUNG, DIE ER IN VIELEN CLUBS AUSLÖST ...
BONDY
BONDY
BONDY!
DENN SIE SIND NICHT DER ERSTE, DER UNS ANSPRICHT ...
DABEI IST KYLIAN GRAD MAL 12 JAHRE ALT.
ZUNÄCHST EINMAL SOLLTEN SIE WISSEN, WENN UNSER SOHN ÜBERHAUPT ZU IHNEN KOMMT, DANN ERST IN DREI JAHREN.

UND WIR WOLLEN EINEN GENAUEN KARRIEREPLAN SEHEN …
ZUKÜNFTIGE VERTRÄGE, SCHULBETREUUNG, FAMILIENLEBEN …
UND NUR WENN IHRE VORSCHLÄGE IM HINBLICK AUF DIESE KRITERIEN PASSEN, WERDEN WIR SIE MÖGLICHERWEISE WEITERVERFOLGEN.
UND WIE ICH IHNEN BEREITS SAGTE, RECHNEN SIE NICHT VOR 2013 MIT UNS, ALSO FRÜHESTENS IN DREI JAHREN.
SEHEN SIE NUR, WIE ER MIT SEINEM KLEINEN BRUDER SPIELT … ER IST NOCH EIN KIND.
NUN, VIELEN DANK … WIR WERDEN EINEN VORSCHLAG AUSARBEITEN UND IHNEN SO SCHNELL WIE MÖGLICH ZUKOMMEN LASSEN.
TOP!
WIR WERDEN KYLIAN ZWEIMAL IM MONAT HIER IN BONDY BESUCHEN.
AH JA? … SO OFT?
DADURCH KÖNNEN WIR UNS BESSER KENNENLERNEN, WISSEN SIE, IN CAEN SIND WIR EINE GROßE FAMILIE.
ÄH … JA, WARUM NICHT?
GUT … ALSO, WOLLEN WIR DANN MAL LOS?
JA, HALLO … EINE AUSGEGLICHENE FAMILIE, DIE SICH NICHT VON DER WELT DES PROFIFUßBALLS BLENDEN LÄSST …
DIE WISSEN, WAS SIE WOLLEN.
KLICK KLICK
UND VOR ALLEM, WAS SIE NICHT WOLLEN … ICH FAHRE ZURÜCK NACH CAEN UND WERDE DIR BERICHTEN.

SOMMER 2010
ES IST UNGLAUBLICH, WAS WIR HIER IN KNYSNA ERLEBEN. DIE SPIELER DER FRANZÖSISCHEN NATIONALMANNSCHAFT SIND IN IHREM BUS EINGESCHLOSSEN UND WEIGERN SICH AUSZUSTEIGEN.
OJE!
WAS FÜR EIN BILD SIE VOR DER GANZEN WELT ABGEBEN.
EINE SCHRECKLICHE WELTMEISTERSCHAFT!
DAS IST VERRÜCKT.
ICH MÖCHTE DAS LIEBER NICHT MEHR SEHEN!
UND KYLIAN, IST ER SCHON ZURÜCK?
NEIN, NOCH NICHT.
ES IST DAS ERSTE MAL, DASS ER ALLEIN MIT SEINEN FREUNDEN UNTERWEGS IST ... ICH HOFFE, DAS GEHT GUT!
JA, STIMMT, DAS IST UNGEWÖHNLICH FÜR IHN!
NORMALERWEISE WÜRDE ICH DAS NICHT SAGEN, ABER GERADE IST ES BESSER, DASS ER DRAUßEN IST STATT VOR DEM FERNSEHER.
ÉTHAN, SCHALT DAS BITTE AUS.
LIVE AUS KNYSNA!
ALSO ...
AH, DA IST ER JA!
WIE WAR DAS TRAINING DER BLAUEN IN KNYSNA?
REDEN WIR ÜBER WAS ANDERES. DU ... WIE WAR'S?
MMH, TOLL!
KYLIA 10
WIR SIND MIT DEM BUS ZUM FUßBALLSPIELEN INS LÉO LAGRANGE GEFAHREN, DAS WAR SUPER!
ERZÄHL MIR NICHTS VON BUSSEN!
ABER APROPOS BUS ... HATTEST DU DENN GELD?
KYLIAN

ACH KOMM, KYLIAN, WENN DU MIT DEM BUS FÄHRST, MUSST DU BEZAHLEN!
MEINE FREUNDE ZAHLEN AUCH NICHT!
DAS SOLLTEN SIE ABER!
KYL 10
UND DIE FUßBALLER DER FRANZÖSISCHEN NATIONALMANNSCHAFT, ZAHLEN DIE, WENN SIE IN IHREN BUS STEIGEN?
HÖR MIR BLOß AUF MIT DEM BUS DER BLAUEN, KYLIAN, DAS PASST GERADE GAR NICHT!
UND ... KONNTEST DU ALSO EINSTEIGEN?
JA, UND SOGAR AUSSTEIGEN, STELL DIR VOR.
ABER WURDEST DU DENN NICHT KONTROLLIERT? WAS HAT DER FAHRER GESAGT?
NA, NICHTS!
SOGAR ALS ICH IHM GUTEN TAG GESAGT HABE, HAT ER NICHT GEANTWORTET ...
MEIN GOTT! ER MUSS GEDACHT HABEN, DU MACHST DICH AUCH NOCH ÜBER IHN LUSTIG.
ABER PAPA, ALSO ...
WEGEN DEM FAHRER, WIE SOLL ICH SAGEN?
MEINST DU, ICH SOLLTE MICH FÜR DIE SACHE MIT DEM BUS ENTSCHULDIGEN?
...
IM NAMEN ALLER?
DAS WÄRE VIELLEICHT NICHT SCHLECHT!
?
WIE GESAGT, MEIN KYLIAN WIRD IMMER MEHR ZUM TRÄUMER.
ES IST NOCH NICHT LANGE HER, DA HAT ER UNS SCHON VON SEINER ZUKUNFT BEI DEN BLAUEN ERZÄHLT,
JETZT TUT ER SO, ALS WÄRE ER SCHON DA.
UND BEI DEM, WAS GERADE IN KNYSNA PASSIERT, DENKT ER, ER MÜSSE SICH ENTSCHULDIGEN ODER WAS AUCH IMMER ...
ABER WAS MIR SORGEN MACHT, IST, DASS WILFRID AUCH NOCH DARAUF EINGEHT ...
ES SIEHT SO AUS, ALS WÜRDE ER IHN NOCH BESTÄRKEN.

SEPTEMBER 2010
PAPA, WER IST DIESER HERR, DER MICH LETZTE SAISON BESUCHT HAT? WEIL ICH DAS GEFÜHL HABE, DASS ER DIESE SAISON WIEDERKOMMEN WIRD.
HMM, EIN FREUND ... GEH DICH FERTIG MACHEN.
HALLO, KYLIAN, NA, BEREIT FÜR EINE NEUE SAISON IN BONDY?
JA.
HALLO, WILFRID, ICH KOMME MIT DEM VERTRAGSANGEBOT.
WIR HABEN ALSO EIN SCOUTING ALLE 14 TAGE VOR ORT GEPLANT, DAZU EINIGE SOMMERTURNIERE MIT UNSEREN JUGENDMANNSCHAFTEN.
AH JA, SUPER!
WENN KYLIAN IM NÄCHSTEN SCHULJAHR AM NATIONALEN FUßBALLINSTITUT CLAIREFONTAINE AUFGENOMMEN WIRD, WERDEN WIR SELBSTVERSTÄNDLICH DIE ZWEI JAHRE AUSBILDUNG DORT ABWARTEN, BEVOR WIR IHN BEIM SM CAEN UNTER VERTRAG NEHMEN.
... MIT IHREM EINVERSTÄNDNIS NATÜRLICH.
SIE ... SIE LESEN DEN VERTRAG NICHT?
ICH WERDE DAS IN ALLER RUHE ZU HAUSE LESEN, UND WENN SIE HIER SIND, DANN HEIßT DAS VERMUTLICH, DASS SIE UNSERE FORDERUNGEN BERÜCKSICHTIGT HABEN.
JA, NATÜRLICH! ABER WOLLEN SIE DENN DEN TEIL ÜBER DIE UNTERSCHRIFTSPRÄMIE UND DAS ZUKÜNFTIGE GEHALT NICHT LESEN?
HMM, WARUM?
HÖREN SIE, WENN SIE UND ICH DER MEINUNG SIND, DASS ER MIT 14 JAHREN DAS NIVEAU HAT, IN DAS TRAININGSZENTRUM EINER PROFIMANNSCHAFT AUFGENOMMEN ZU WERDEN, INTERESSIERT MICH NUR EINS: DASS ER MIT 16 ODER 17 JAHREN AUCH GANZ SICHER ALS PROFI SPIELEN KANN ... DER REST, SIE WISSEN SCHON.
AH!
ÄH ... OHNE INDISKRET SEIN ZU WOLLEN, WELCHE ANDEREN VEREINE SIND DENN AN IHREM SOHN INTERESSIERT?
CHELSEA ... REAL MADRID ... MONACO ... PARIS SAINT-GERMAIN!
HALLO? HERR ...? GEHT ES IHNEN GUT?
WOMM!

UND DANN, EINES TAGES, VERLIEßEN WIR UNSERE WOHNUNG GEGENÜBER VOM STADION.
Rue du BEL AIR
UND DAS IST UNSER ... HAUS!
HIER WERDEN WIR JETZT WOHNEN, KEINE 60 M2 MEHR IN DER ALLÉE DES LILAS.
WIR WOLLTEN DICH ÜBERRASCHEN, KYLIAN ... EIN ZIMMER FÜR DICH, EIN ZIMMER FÜR ÉTHAN ... ES GIBT SOGAR EIN ZIMMER FÜR JIRÈS, WENN ER UNS BESUCHEN KOMMT.
AH? TOLL!
NA JA, DU VERSTECKST DEINE FREUDE ABER GUT. FREUST DU DICH DENN NICHT?
DOCH NATÜRLICH, MAMA!
NA, WAS IST ES DENN DANN?
DAS IST WEIT WEG VOM STADION.
EIGENTLICH NICHT, DAS STADION LÉO LAGRANGE IST NUR 10 MINUTEN ZU FUß ENTFERNT.
UND WAS HAT UNS DIESES HAUS GEKOSTET?
SAGEN WIR MAL, WIR WERDEN ES DIE NÄCHSTEN 20 JAHRE MIT EINEM KREDIT ABSTOTTERN ... WÄHREND EINIGE FUßBALLER DAS IN EINEM MONAT BEZAHLEN KÖNNTEN ...
ABER SO IST DAS LEBEN!
OH!
ABER HIER GIBT ES KEINE FUßBALLER ... FUßBALLER WOHNEN IN DER NÄHE VON STADIEN!
NUN, ICH BIN MIR NICHT SICHER, OB DAS DER EINZIGE GRUND IST, WARUM IN DIESER STRAßE KEINE FUßBALLER WOHNEN, KYLIAN.
KEIN STADION NEBENAN ... KEIN FUßBALLER IN DER NÄHE ...
DIESE STRAßE HAT WIRKLICH NICHTS MIT FUßBALL ZU TUN.
UND WENN IHR ZWEI JAHRE LÄNGER ABBEZAHLEN WÜRDET ... KÖNNTE MAN DAFÜR NICHT NÄHER AM STADION WOHNEN?

ABER AUCH WEITER WEG VOM STADION GAB ICH NICHT AUF.
ENDE 2010, NATIONALES FUßBALLINSTITUT CLAIREFONTAINE. AUFNAHMETESTS
WOW! HAST DU DAS GESEHEN, PAPA? WAS FÜR EINE WELT!
JA, JEDES JAHR VERSUCHEN TAUSENDE TALENTE, HIER AUFGENOMMEN ZU WERDEN.
UND ER? WAS MACHT ER HIER? HAT ER SICH VERLAUFEN ODER WAS?
KYLIAN!
SO, KOMM, MEIN SOHN! ICH LASS DICH JETZT MACHEN. GIB DEIN BESTES!
MACH DIR KEINE SORGEN, PAPA.
HALLO, ICH BIN DIEGO.
KYLIAN!
SCHAU MAL! DAHINTEN! CLAIREFONTAINE, DAS SCHLOSS UND ALLES!
DA, WO DIE SPIELER DER FRANZÖSISCHEN NATIONALMANNSCHAFT SCHLAFEN.
DAS IST SO COOL, HIER ZU SEIN!
JA!
UIUIUIUI! NA WENIGSTENS KANN ICH JETZT SAGEN, DASS ICH CLAIREFONTAINE EINMAL GESEHEN HABE!
ICH HABE DIE TRAININGSPLÄTZE DER BLAUEN GESEHEN!
IST DIR DAS KLAR?
NEIN, ABER HAST DU DAS GESEHEN? DIE WELTMEISTERSCHAFT IM PARK VON CLAIREFONTAINE ... HALLO, DAS HABE ICH GESEHEN!
DAS IST VERRÜCKT!
HEY, DIEGO ... WEIßT DU WAS?
WENN DU ALLES GESEHEN HAST, WAS DU WOLLTEST, SOLLTEST DU JETZT NACH HAUSE GEHEN
... DIE SCOUTINGS FANGEN GLEICH AN.

AUCH WENN ER DIE ERSTE SCOUTING-PHASE PROBLEMLOS BESTANDEN HAT, WEIß ICH NICHT, OB ES SO GUT IST, WENN KYLIAN AM INF CLAIRE-FONTAINE ANGENOMMEN WIRD ...
ER HAT IMMER NOCH PROBLEME MIT SEINEM VERHALTEN.
AUF DER BEZIEHUNGSEBENE KANN ER SCHROFF SEIN, ANDERE VERSTEHEN IHN NICHT IMMER.
UND DANK DES THEATERS GEHEN IHM AUCH NICHT MEHR SO OFT DIE NERVEN DURCH, WENN ER UNGERECHTE SITUATIONEN ERLEBT.
APROPOS THEATER: ES WAR GUT, DASS WIR IHN ABGEMELDET HABEN ... HAST DU GEHÖRT, WAS MIT SEINEM LEHRER LOS IST?
JA, STIMMT, WAS FÜR EIN FIESER TYP! ... ABER WAS KYLIAN ANGEHT, ICH GLAUBE, ER BRAUCHT IMMER NOCH DIE GEBORGENHEIT IN DER FAMILIE!
VOLLKOMMEN EINVERSTANDEN! ANSTELLE DER 2. SCOUTING-RUNDE FAHREN WIR EINE WOCHE MIT DEN MBOMAS IN DEN SKIURLAUB.
GUTE IDEE!
ABER DU MUSST ES IHM SAGEN ... ICH HABE ANGST, DASS ER UNSERE ENTSCHEIDUNG NICHT AKZEPTIEREN WIRD.
OKAY!
NANU ... KYLIAN?
WANN GEHT'S LOS?

YIPPIE!
UND HEUTE ABEND BEI DEM SPIEL MIT DER PRESSEKONFERENZ WERDE ICH EUCH ERZÄHLEN, WAS ICH SPÄTER MAL MACHEN WERDE.
ICH GLAUBE, DAS WISSEN WIR SCHON!
HA HA
HALLO, SORAYA, HIER IST WILFRID ... ERKENNST DU MEINE KRÄFTIGE STIMME NICHT? ICH GEBE DIR MAL DEINE SCHWESTER.
HAHA-HAHAHA
HALLO, SORAYA! GUCK MAL, ICH FILME DIE JUNGS.
UND IHR, WIE GEHT'S EUCH? WAS MACHEN DIE KLEINEN?
NOAM UND MAEL SIND BEI MIR, SIE LASSEN DICH GRÜßEN.
JA, WIR HABEN VIEL SPAß! AUßERDEM SCHAFFT ES KYLIAN, DEN FUßBALL MAL EIN WENIG ZU VERGESSEN. HIER IST ER NICHT DER HOCHBEGABTE, DEN SO LANGSAM ALLE KENNEN.
... DAS IST ERHOLSAM!
ENTSCHULDIGUNG, DIE DAME ...?
ICH LEG MAL AUF, LIEBES, ICH WERDE GERUFEN, KÜSSCHEN!
IST DAS DAHINTEN IHR SOHN? ER MUSS UNBEDINGT AN WETTKÄMPFEN TEILNEHMEN!
ER IST SEHR TALEN-
ESF

KLINGELING
JA?
OH, SIE SIND ES SELBST!
WIE, WO ICH BIN? NA ... BEIM SKIFAHREN!
HIER IST DER DIREKTOR DES INF CLAIREFONTAINE ... IHR SOHN KYLIAN IST NICHT ZUM ZWEITEN SCOUTING FÜR DIE AUFNAHME ERSCHIENEN.
ABER JA, DAS WEIß ICH DOCH! ER IST HIER BEI MIR IM SKIURLAUB.
WIE DAS? ABER SKIFAHREN IST SEHR GEFÄHRLICH!!! IST IHNEN DAS NICHT KLAR?! UND WENN ER SICH VERLETZT???
NA JA! DAS IST WIE BEI ANDEREN AUCH!
ABER ER IST NICHT WIE DIE ANDEREN!
YAAAAY!!
HUHU, MAMA!
SIE MÜSSEN SOFORT NACH PARIS ZURÜCK!
NACH CLAIREFONTAINE!
UND TRÄGT ER WENIGSTENS EINEN HELM?
KNIESCHÜTZER?

KLINGE-
LING
KLINGE-
LING
SESSELLIFT
KLINGELING
KLINGELING
SEILBAHN
KLINGELING
KLINGELING
HEHE,
NOCH HÖHER
GEHT ES NICHT
MEHR!
ZUMINDEST HIER
SOLLTE ES KEIN
NETZ GEBEN!
KLINGELING
KLINGELING

UND SO, ENDLICH ... IN CLAIREFONTAINE!
WISSEN SIE, WIR SIND HIER AUF DER SUCHE NACH SPITZENLEISTUNGEN ...
ZIDANE
AUF FUßBALLERISCHER EBENE NATÜRLICH ...
ABER NICHT NUR!
WIR LEGEN GROßEN WERT AUF DISZIPLIN, SCHULISCHE LEISTUNGEN, ERNSTHAFTIGKEIT UND RESPEKT VOR AUTORITÄTEN.
UND ICH GLAUBE ZU ERKENNEN, DASS DIES AUCH DIE WERTE SIND, DIE IHNEN AM HERZEN LIEGEN.
IN DER TAT, MEIN HERR, UND DESHALB DENKEN WIR, DASS KYLIAN NICHT FÜR IHR INSTITUT GEEIGNET IST.
ER HAT NOCH PROBLEME MIT AUTORITÄT, DISZIPLIN UND SO WEITER ...
ABER VIELEN DANK, DASS SIE UNS EMPFANGEN HABEN.
HOPPLA!
NICHT SO SCHNELL!
ZIDANE 10
KYLIAN, WÜRDEST DU BITTE IM FLUR AUF UNS WARTEN?
... ES WIRD NICHT LANGE DAUERN.
GUT ... FANGEN WIR NOCH MAL VON VORNE AN!

WIE ICH IHNEN SCHON SAGTE, WIR SIND HIER IN CLAIREFONTAINE AUF DER SUCHE NACH SPITZENLEISTUNGEN …
HAUPTSÄCHLICH AUF FUẞBALLERISCHER EBENE!
DISZIPLIN, SCHULISCHE LEISTUNGEN, ERNSTHAFTIGKEIT UND RESPEKT VOR AUTORITÄTEN SIND NATÜRLICH WICHTIG …
DAS SIND WERTE, DIE UNS ALLEN AM HERZEN LIEGEN …
ABER …
ABER …?
ABER …
ICH MUSS IHREN SOHN HABEN!
DIESER JUNGE DARF DER INSTITUTION CLAIREFONTAINE NICHT ENTGEHEN.
UND DIE SCHULISCHEN LEISTUNGEN? … DIE DISZIPLIN … DER RESPEKT VOR AUTORITÄTEN.
ES IST NICHT AN KYLIAN, SICH UNS ANZUPASSEN, SONDERN AN UNS, IHM GERECHT ZU WERDEN.
NEIN, ABER WARTEN SIE, WIR MÖCHTEN, DASS UNSER SOHN AUTORITÄTEN RESPEKTIERT, DISZIPLINIERT IST UND GUTE LEISTUNGEN IN DER SCHULE ZEIGT!!!
ES IST NUR SO, WIR GLAUBEN, DASS ER NOCH NICHT BEREIT IST!

NA DU, VERSUCHEN DEINE ELTERN AUCH, HIER EINEN PLATZ FÜR DICH ZU BEKOMMEN?
PFFF, ES IST SUPER-SCHWER, HIER REINZUKOMMEN.
MEIN VATER LIEGT IHNEN SEIT EINEM MONAT TAG UND NACHT IN DEN OHREN.
ER HAT DEN DIREKTOR SOGAR IM URLAUB ANGERUFEN ... ER IST VÖLLIG FERTIG, MEIN VATER!
GERADE IST ER IM GESPRÄCH MIT EINEM DER STELL-VERTRETER DES DIREKTORS.
AH, SIEH AN! ES SCHEINT VORBEI ZU SEIN.
ICH FLEHE SIE AN, SAGEN SIE JA!
KOMMEN SIE, MEIN HERR! SEIEN SIE DOCH VERNÜNFTIG.
DIE KINDER SCHAUEN UNS ZU!
AH, BEI DIR AUCH! ES SCHEINT VORBEI ZU SEIN!
ICH FLEHE SIE AN! SAGEN SIE JA!
IST DAS DEIN VATER, DER MANN MIT DEN GRAUEN HAAREN?
ER SIEHT DIR NICHT SEHR ÄHNLICH!

WIE, EINE NACHPRÜFUNG? ... ICH BIN DER BESTE VON ALLEN!!!
DAS IST EINE REINE FORMALITÄT, SIE WOLLEN DICH, ABER DAFÜR MUSST DU DIESE PRÜFUNG ABSOLVIEREN, WEIL WIR WÄHREND DER AUFNAHMETESTS IM SKIURLAUB WAREN.
UND HÖR AUF ZU SCHMOLLEN! TANTE FATI MUSS DEINE SCHLECHTE LAUNE NICHT AUSBADEN, WENN SIE SCHON SO FREUNDLICH IST, UNS ZU BEGLEITEN!
ICH GLAUB'S NICHT! DA IST SOGAR DER KLEINE ROTHAARIGE VOM LETZTEN MAL DABEI!
VERFLIXT, WAS FÜR EINE WELT! DAS IST JA WIE IN DISNEYLAND HIER.
GEHT NUR, ICH WARTE HIER. MIR IST ES HIER ZU VOLL.
WIRKLICH!
ENTSCHULDIGUNG, HABE ICH SIE NICHT EBEN MIT DER FAMILIE MBAPPÉ GESEHEN? ICH WÜRDE IHNEN GERNE MEINE KARTE GEBEN, ICH VERTRETE MANCHESTER CITY.
NEIN, WAS FÜR EIN SPINNER!
JA, UND ICH BIN JANET JACKSON ... ABER ICH BIN INKOGNITO HIER!
ICH WÜNSCHE IHNEN EINEN SCHÖNEN TAG!
NEIN, ERNSTHAFT ... MANCHESTER CITY ... SO EIN QUATSCH!
DER WOLLTE MICH WOHL FÜR DUMM VERKAUFEN!
... FÜR 12-JÄHRIGE KINDER.
... DAS FEHLTE GERADE NOCH!

NICHT SCHLECHT, DER KLEINE AUF DEM RECHTEN FLÜGEL DA!
JA, DAS IST KYLIAN MBAPPÉ.
AH ... DAS IST ER!
COACH
COACH
ER LÄUFT SCHNELLER UND IST GESCHICKTER ALS DIE ANDEREN. WIR NEHMEN IHN AUF JEDEN FALL AUF.
NUN GUT, BEREITEN WIR DIE ZWEITE HALBZEIT VOR.
WIR WERDEN DIEJENIGEN, DIE NICHT AUF IHRER POSITION GESPIELT HABEN, BITTEN, SICH SELBST AUFZUSTELLEN.
... DAS GIBT JEDEM DIE MÖGLICHKEIT, AUF SEINER POSITION ZU SPIELEN.
... UND WIR WERDEN AN IHREM VERHALTEN SEHEN, WER DEN STÄRKEREN WILLEN HAT ... WER KEINE ANGST DAVOR HAT, SEINEN PLATZ KLAR ARTIKULIERT EINZUFORDERN.
DAS IST AUCH WICHTIG ... ES SAGT VIEL ÜBER IHRE MOTIVATION UND IHRE PERSÖNLICHKEIT AUS.
TRIiii
COACH
GUT JUNGS... VERSCHNAUFT EIN BISSCHEN, ES IST HALBZEIT ... DENKT DARAN, GENUG ZU TRINKEN.
COACH
UND FÜR DIE ZWEITE HALBZEIT WERDEN WIR ...
HALLO!
JA?
ICH HABE NICHT AUF MEINER POSITION GESPIELT. ICH HABE ALS RECHTER STÜRMER GESPIELT, OBWOHL ICH LINKER STÜRMER BIN!

HALLO, WILFRID, WIE GEHT'S? ICH HOFFE, DU BIST NOCH MIT FAYZA ZUSAMMEN.
NATÜRLICH BIN ICH NOCH MIT FAYZA ZUSAMMEN, WAS IST DENN DAS FÜR EINE FRAGE?
ACH NICHTS, DER SCOUT VON MANCHESTER CITY MEINTE NUR, DASS DU MIT JANET JACKSON ZU DEN SCOUTINGSPIELEN GEKOMMEN BIST.
SIE SELBST HAT ES IHM ERZÄHLT, ALS ER SICH VORGESTELLT HAT …
ABER ICH HABE NICHTS GESAGT.
UND … SIND DIE SCOUTINGSPIELE GUT GELAUFEN?
JA, SUPER!
ICH HABE ALLES GETAN, UM NICHT ALS VERTEIDIGER ZU SPIELEN!
HAHA!
ÄH … FATI, ICH MUSS DIR WAS SAGEN.
WAS DENN, WILFRID?
WÄHREND DER SCOUTINGSPIELE TUMMELN SICH IN CLAIREFONTAINE WIRKLICH SCOUTS DER GROßEN EUROPÄISCHEN CLUBS, UM DIE KINDER UNTER VERTRAG ZU NEHMEN …
UND HINTER KYLIAN SIND SIE SCHON EINE GANZE WEILE HER.
… AUCH WENN DAS MORALISCH FRAGWÜRDIG IST …
… MEINE LIEBE JANET!

BONDY, MAI 2011
ICH LESE GERADE DEN VERTRAGSENTWURF VOM SM CAEN FÜR KYLIAN.
UND? BEREUST DU DAS MIT CLAIREFONTAINE?
ACH NEIN! ÜBERHAUPT NICHT, CLAIREFONTAINE IST DER IDEALE ORT FÜR IHN ... EINE GUTE VORBILDUNG, ABSEITS DER GROßEN CLUBS. IN DER BEZIEHUNG MACHE ICH MIR KEINE SORGEN, UNTER DER WOCHE IST ER DORT UND AM WOCHENENDE ZU HAUSE BEI DEN SPIELEN IN BONDY.
DAS IST DAS BESTE.
UND IN SEINEM ALTER DARF KYLIAN SOWIESO NICHT MEHR ALS 50 KM VON ZU HAUSE ENTFERNT UNTERSCHREIBEN.
NUN, WIR KÖNNTEN UMZIEHEN, DANN WÜRDEN WIR DURCH DEN FUßBALL ENDLICH WAS VOM LAND SEHEN.
UND DIE VORBILDUNG HAT VORRANG VOR DEN TRAININGSZENTREN, DAS HEIßT, WENN ER IN CLAIREFONTAINE ANGENOMMEN WIRD, KANN ER NICHT WOANDERS HINGEHEN.
ABER DIE LEUTE IN CAEN WISSEN DAS NATÜRLICH, SIE ARBEITEN AUF DIE ZEIT IN ZWEI JAHREN HIN, WENN ER IN CLAIREFONTAINE FERTIG IST.
UND APROPOS DAS LAND SEHEN ... SIE LADEN KYLIAN EIN, MIT IHRER U13-MANNSCHAFT AN EINEM TURNIER TEILZUNEHMEN.
UND WO?
IN NANTES.
ICH WERDE SIE FRAGEN, OB ER SEINEN FREUND JOÉ* MITNEHMEN KANN ZUM TURNIER. DANN IST KYLIAN NICHT SO ALLEIN, UND JOÉ HAT AUCH DAS NIVEAU, TEILZUNEHMEN.
ICH GEHE ÉTHAN VON DER SCHULE ABHOLEN.
NANTES, JUNI 2011
LOS, JUNGS, LÄCHELN ... WIR MACHEN EIN FOTO!
DAS ERSTE MAL FÜR KYLIAN IN EINEM ANDEREN TRIKOT ALS DEM VON BONDY.
* JOÉ KOBO

FAUZA, WILFRID, WIE SCHÖN, DASS SIE KOMMEN KONNTEN.
ES IST UNS EIN VERGNÜGEN, DAVID.
DAS IST EIN SEHR SCHÖNES TURNIER, AN DEM WIR JEDES JAHR TEILNEHMEN, AH ... SIEH AN ... EIN TOR VON KYLIAN!
NA, JOÉ, KYLIAN ... WIE HAT EUCH DIESES TURNIER GEFALLEN?
PSST! SIE SCHLAFEN.

NUN WAR ES SO WEIT: ES WAR NICHT MEHR DIE ZEIT, MIT MEINEM VATER „À LA CLAIRE FONTAINE“ ZU SINGEN – ES GALT, SICH DEN ERNSTEN DINGEN ZUZUWENDEN.

NA LOS, JUNGS, SCHNELLER! ICH WILL MEHR TEMPO!
COACH
COACH
JA! SCHON BESSER.
HAST DU DEN KLEINEN KYLIAN DAHINTEN GESEHEN?
JA, ICH HABE IHN AUCH GERADE BEOBACHTET.
SCHAU, DA HAT ER DEN BALL!
JA, DAS KOMMT NICHT OFT VOR.
UND WAS FÄLLT DIR AUF?
ER BERÜHRT DEN BALL NUR SELTEN, ODER?
JA, DAS IST WAHR!
MANCHMAL SCHEINT ER SICH GAR NICHT FÜR DAS SPIEL ZU INTERESSIEREN ... ALS OB ES IHM EGAL WÄRE.
SCHAU MAL, JETZT SIEHT ER SICH GERADE DIE BÄUME AN.
MIR FÄLLT ABER VOR ALLEM EINE SACHE AUF.
WAS?
DASS ER JEDES MAL, WENN ER DEN BALL HAT, ENTSCHEIDEND IST! JEDES MAL PASSIERT ETWAS.
UND DAS IST STARK!
... SCHADE, DASS ES NICHT ÖFTER VORKOMMT!
31
LOS, JUNGS, WIR SIND FERTIG. WIR GEHEN IN DIE UMKLEIDEKABINE ... SAMMELT DIE BÄLLE EIN!
31
KYLIAN, DAS WAR NICHT SCHLECHT ... ABER ES GIBT NOCH VIEL ZU TUN!

GUT, HEUTE MESSEN WIR DIE STARTGESCHWINDIGKEIT.
WIR HABEN EINE BRANDNEUE MASCHINE ERHALTEN, DIE WIR MIT EUCH EINWEIHEN!
BEREIT?
OKAY, ALEXIS, NICHT SCHLECHT!
YANN, AUCH GUT!
KYLIAN, DU BIST DRAN!
WROOM!
CRAC
SAG MAL …
… DU BIST ABER SCHNELL AM START!
TUT MIR LEID.
NICHT SO SCHLIMM! WIR WERDEN WAS ANDERES MACHEN.
ICH LAUFE DEFINITIV IMMER ZU SCHNELL …
… FÜR JEDEN!
SOGAR DIE TECHNIK KOMMT NICHT MIT MIR MIT. ICH HABE DAS GEFÜHL, DASS MICH NIEMAND JE VERSTEHEN WIRD!
WAS MEINST DU DAMIT?

WAS DIE SCHULE IN DIESER ZEIT ANGEHT, MUSS ICH ZUGEBEN, DASS ICH MICH MANCHMAL … EIN BISSCHEN VERLOREN GEFÜHLT HABE.
POFF!
POFF!
POFF!
POFF!
MBAPPÉ! DA IST DIE TÜR!
ENTSCHULDIGUNG, ABER …
WAS MACHE ICH JETZT DAMIT?
HAHA! HAHAHA!
MBAPPÉ, TROTZ IHRER ÜBERDURCHSCHNITTLICHEN FÄHIGKEITEN SIND SIE VOLLKOMMEN UNREIF!
HAHA
MBABY! MBABY!
MBABY!
NOCH ETWAS, KYLIAN … BEVOR SIE RAUSGEHEN …
WISSEN SIE, WAS LAUFEN AUF ENGLISCH HEIßT?
KLAR! TO RUN!
PFFFF, ICH HÄTTE ES BESSER NICHT GEWUSST …
… ALS STRAFE EINE STUNDE UM DEN PLATZ LAUFEN!

HEY, DA KOMMEN DIE MÄDCHEN VON CLAIREFONTAINE ZUM TRAINING.
WOW! ... DIE IST JA RICHTIG STARK.
... UND SUPER-HÜBSCH!
NA, DU LÄUFST JA LANGE ...
UND ... UND DU BIST WIRKLICH GUT.
ALSO, ICH MEINE ... BEIM FUßBALL.
MAN SIEHT SICH, ICH BIN AUCH IN CLAIREFONTAINE ... WIE HEIßT DU?
KY... KYLIAN!
ALSO BIS BALD, KY-KYLIAN.
UND DEINE NEUE ZUKÜNFTIGE FREUNDIN DA ... STÖRT ES DICH NICHT, DASS SIE GUT FUßBALL SPIELT?
NEIN, IM GEGENTEIL, ICH BEWUNDERE SIE DAFÜR!
WIR HABEN EIN ORANGEFARBENES HEFT, IN DEM WIR UNANGEMESSENES VERHALTEN VERMERKEN ...
KYLIAN IST DORT OFT ZU FINDEN. FAST, ALS WÜRDE IHN DER UMGANG MIT DEN ANDEREN JUNGS RUNTERZIEHEN.
PFFF, DAS SIND KINDER ... ICH BIN IN ALLEM BESSER ALS SIE ... ICH LANGWEILE MICH.
GIBT ES WIRKLICH NICHTS, WAS DIR DARAN GEFÄLLT, IN DEINER ALTERSKLASSE ZU SPIELEN?
DOCH! ES IST DAS ERSTE MAL, DASS ICH FUßBALLTRIKOTS IN MEINER GRÖßE TRAGE.

WIEDER ZURÜCK IN BONDY FÜR DIE SPIELE AM WOCHENENDE
UND, KYLIAN, WIE IST ES IN CLAIREFONTAINE?
ES IST HÜBSCH, DIE PLÄTZE SIND SCHÖN.
AH, JA, COOL!
UND DIE STIMMUNG? HAST DU FREUNDE GEFUNDEN?
ACH, WEIßT DU! DAS IST NICHTS IM VERGLEICH ZU DIR ODER DEN KUMPELS HIER.
UND DIE LEHRER?
SEHR GUT! ... ABER WEIßT DU, JOÉ, CLAIREFONTAINE IST NUR EINE DURCHGANGS-STATION IN DER KARRIERE ...
DAS ZIEL IST VOR ALLEM, NACH DEM ABSCHLUSS DORT BEI EINEM CLUB ZU UNTERSCHREIBEN.
UMKLEIDE
JA ...
UND HAST DU SCHON KONTAKTE ZU DEN GROßEN CLUBS?!
JA, ABER UM VORANZUKOMMEN, BRAUCHE ICH EINEN CLUB, DER MIR SCHON FRÜH EINE SPIELZEIT VERSPRICHT ... WEIßT DU? EIN GUTER CLUB IN DER 1. LIGA, WO ICH SCHON MIT 16 ODER 17 JAHREN EINE CHANCE BEKOMME.
WIE CAEN?
JA, WIE CAEN.
DAS IST TOLL, SCHON EINEN KARRIERE-PLAN ZU HABEN.
KLAR! ABER DAS KANNST DU AUCH! ... WAS SOLLTE DICH HINDERN?
JA.
DEIN VATER HAT MIR GESAGT, ICH HÄTTE DAS NIVEAU, NÄCHSTES JAHR DIE AUFNAHMEPRÜFUNG FÜR CLAIREFONTAINE ZU VERSUCHEN.
NA, WENN ER DAS SAGT, KANNST DU IHM GLAUBEN ... ER SAGT SO WAS NICHT EINFACH SO, MEIN VATER.
DESHALB BIN ICH MIR SICHER, DASS WIR NÄCHSTES JAHR JEDEN MONTAG ZUSAMMEN MIT DEM BUS NACH CLAIREFONTAINE FAHREN.
DAS WÄRE VOLL KRASS.
IN WELCHER MANNSCHAFT SPIELST DU HEUTE?
IN DER U16 ... DER CLUB IST AUF REGIONALER EBENE NICHT AN DER SPITZE, MEINE TRAINER HÄTTEN ES LIEBER, WENN ICH EINE STUFE HÖHER KÄME.

UND DANN, EINES TAGES, ANFANG 2012, HABEN WIR EINEN GANG HÖHER GESCHALTET.
KYLIAN, BEEIL DICH, ICH MÖCHTE NICHT, DASS WIR ZU SPÄT KOMMEN.
PÜNKTLICHKEIT IST SEHR WICHTIG, DER TRAINER VON CAEN HAT SICH BEREIT ERKLÄRT, DICH ZU EMPFANGEN. WIR MÜSSEN EINEN GUTEN EINDRUCK MACHEN.
A 132
DEAUVILLE -TROUVILLE
CAEN
LE HAVRE
HONFLEUR
P.c NORMANDIE
DEAUVILLE
St GATIEN
PÜNKTLICH ZU SEIN, IST EIN ZEICHEN VON RESPEKT.
UND DA WÄREN WIR! 15:30 UHR, AUF DIE MINUTE PÜNKTLICH.
STADE MALHERBE
WIRD DAS LANGE DAUERN?
ABER DA IST JA DIE GANZE KLEINE FAMILIE …
HATTET IHR EINE GUTE FAHRT?
FOLGT MIR … FRANCK DUMAS* IST GLEICH DA, ER HAT MICH GEWARNT, DASS ER ETWAS SPÄTER KOMMEN WÜRDE.
DANN KANN ICH DIE GELEGENHEIT NUTZEN, EUCH DAS ZENTRUM ZU ZEIGEN.
HIER SIND ALSO DIE TRAININGSPLÄTZE.
HIER DIE VERWALTUNGS-GEBÄUDE.
UND HIER DIE FUßBALL-PLÄTZE.
DAS STADION VENOIX WIRD VON DER 2. MANNSCHAFT UND DEN JUGENDMANNSCHAFTEN GENUTZT.
FÜR 2020 HABEN WIR AUCH EIN GROßES SANIERUNGS-PROJEKT VORGESEHEN.
GEGENÜBER DIE VILLEN.
ETWAS WEITER HINTEN SIEHT MAN EIN MÖBELGESCHÄFT …
GEHEN WIR IN MEIN BÜRO, FRANCK MÜSSTE GLEICH DA SEIN.
AH, ICH GLAUBE, ICH HÖRE FRANCK AUF DER TREPPE.
BROM BROM BROM
BITTE ENTSCHULDIGEN SIE!
* TRAINER VON CAEN

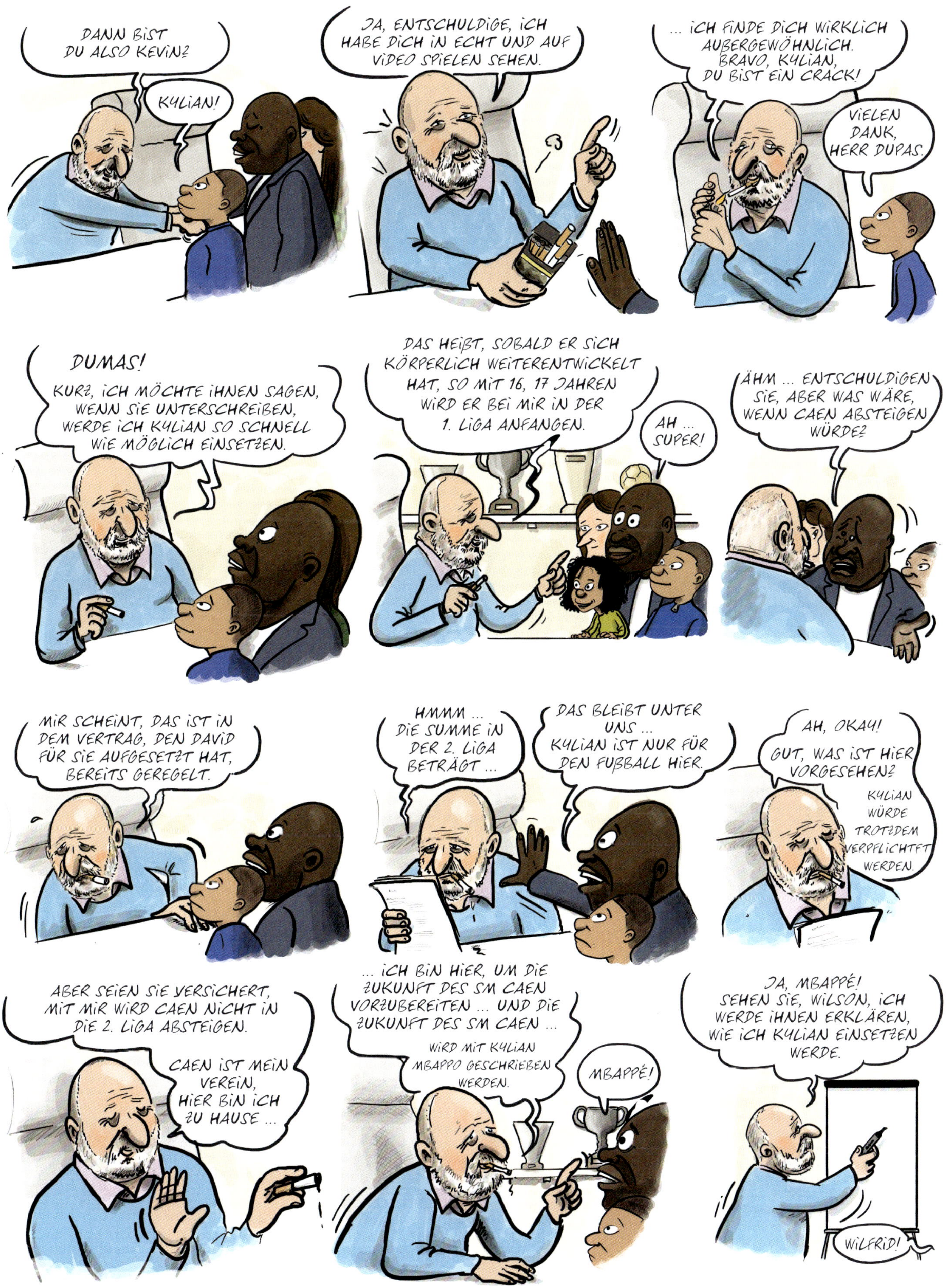
DANN BIST DU ALSO KEVIN?
KYLIAN!
JA, ENTSCHULDIGE, ICH HABE DICH IN ECHT UND AUF VIDEO SPIELEN SEHEN.
... ICH FINDE DICH WIRKLICH AUßERGEWÖHNLICH. BRAVO, KYLIAN, DU BIST EIN CRACK!
VIELEN DANK, HERR DUPAS.
DUMAS!
KURZ, ICH MÖCHTE IHNEN SAGEN, WENN SIE UNTERSCHREIBEN, WERDE ICH KYLIAN SO SCHNELL WIE MÖGLICH EINSETZEN.
DAS HEIßT, SOBALD ER SICH KÖRPERLICH WEITERENTWICKELT HAT, SO MIT 16, 17 JAHREN WIRD ER BEI MIR IN DER 1. LIGA ANFANGEN.
AH ... SUPER!
ÄHM ... ENTSCHULDIGEN SIE, ABER WAS WÄRE, WENN CAEN ABSTEIGEN WÜRDE?
MIR SCHEINT, DAS IST IN DEM VERTRAG, DEN DAVID FÜR SIE AUFGESETZT HAT, BEREITS GEREGELT.
HMMM ... DIE SUMME IN DER 2. LIGA BETRÄGT ...
DAS BLEIBT UNTER UNS ... KYLIAN IST NUR FÜR DEN FUßBALL HIER.
AH, OKAY!
GUT, WAS IST HIER VORGESEHEN?
KYLIAN WÜRDE TROTZDEM VERPFLICHTET WERDEN.
ABER SEIEN SIE VERSICHERT, MIT MIR WIRD CAEN NICHT IN DIE 2. LIGA ABSTEIGEN.
CAEN IST MEIN VEREIN, HIER BIN ICH ZU HAUSE ...
... ICH BIN HIER, UM DIE ZUKUNFT DES SM CAEN VORZUBEREITEN ... UND DIE ZUKUNFT DES SM CAEN ...
WIRD MIT KYLIAN MBAPPO GESCHRIEBEN WERDEN.
MBAPPÉ!
JA, MBAPPÉ! SEHEN SIE, WILSON, ICH WERDE IHNEN ERKLÄREN, WIE ICH KYLIAN EINSETZEN WERDE.
WILFRID!

PAPA, HAST DU VERSTANDEN, WAS ER UNS ERZÄHLT HAT?
ALSO ...
ZZZ
KEINE SORGE, KYLIAN ... DAS IST EIN KOMPETENTER TRAINER UND VOR ALLEM ... GLAUBE ICH, DASS ER ES ERNST MEINT.
Kylian → 2014 POSITION: FLÜGEL
442
433
2015 POSITION → MITTE 1. JAHR
2. JAHR
MITTE
2016 FRANCK DUMAS
SM caen
DUMAS = CAEN-TRAINER
ZUKUNFT: Kylian + FRANCK
1. LIGA
BÄH
2. LIGA
ZUKUNFT = CAEN → EUROPA
KYLIAN → FRANZÖSISCHE NATIONALMANNSCHAFT

ABER EIN PAAR WOCHEN SPÄTER ...
HALLO, WILFRID! ICH NEHME AN, SIE HABEN DIE NACHRICHTEN GESEHEN! CAEN IST IN DIE 2. LIGA ABGESTIEGEN.
DAS IST EINE KATASTROPHE!
EINE UNGLAUBLICHE WENDUNG AM LETZTEN SPIELTAG.
DAMIT HATTEN WIR NICHT GERECHNET!
JA, NIEMAND HAT DAMIT GERECHNET! UND FRANCK DUMAS? WIE NIMMT ER DAS AUF?
HMM, IM WESENTLICHEN PACKT ER SEINE SACHEN.
FRANCK IST GEFEUERT!
AHA? ABER DAS ZUKUNFTSPROJEKT? DAS VERTRAUEN DER LEITUNG IN IHN? DIE FAMILIE DES SM CAEN?
WILFRID, SIE KENNEN DEN FUßBALL!
ABER ICH VERSICHERE IHNEN ... NICHTS VON DEM, WAS ER IHNEN ÜBER KYLIAN ERZÄHLT HAT, STEHT INFRAGE.
WIR ERWARTEN IHN IMMER NOCH IN EINEM JAHR.
ICH MUSS AUFLEGEN, WILFRID.
... BIS BALD.
LASRY! WIR SIND DARAN INTERESSIERT, IN DER NÄCHSTEN SAISON WIEDER IN DIE 1. LIGA AUFZUSTEIGEN, DA GEBE ICH KEINE 180.000 EURO ÜBER DREI JAHRE FÜR EINEN JUNGEN VON 14 JAHREN AUS.
IN DER 2. LIGA WÄREN ES 120.000 EURO, PRÄSIDENT.
DAS HIER IST NICHT DER FC BARCELONA UND DER JUNGE NICHT MESSI!
WIR STEIGEN AUF, DANN NEHMEN WIR IHN!
WIR STEIGEN NICHT AUF, DANN NEHMEN WIR IHN NICHT!
SO EINFACH IST DAS!

DREI MONATE SPÄTER, BEGINN DES NEUEN SCHULJAHRS IN CLAIREFONTAINE
HALLO, BRUDER! WILLKOMMEN IN CLAIREFONTAINE, JOÉ!
1. JAHR ... WIR WERDEN DICH SCHIKANIEREN!
HA HA!
KOMM! DIE OBLIGATORISCHE BESICHTIGUNG!
HIER, DIE TRAININGSPLÄTZE ... ICH HABE NOCH NIE SO EINEN RASEN GESEHEN, DIE SCHAUEN GLATT AUS WIE BILLARDTISCHE!
DA, DIE SCHLAFSÄLE ...
STELL DEINE TASCHE AB, WIR GEHEN ZUM SCHLOSS.
DAS ... DAS SCHLOSS DER BLAUEN?
JA, KLAR! ABER FREU DICH NICHT ZU FRÜH, WIR GEHEN DA NIE REIN.
UND DA IST ES!
UND SIEHE DA, DIE ARBEITER HABEN EINE LEITER VERGESSEN, DA KÖNNEN WIR UNS DIE ZIMMER DER SPIELER DER FRANZÖSISCHEN NATIONALMANNSCHAFT ANSEHEN.
SOLLEN WIR?
NEIN, NEIN, NEIN, ICH WERDE NICHT ÜBER DIE LEITER DA REINGEHEN.
NUR DURCH DIE GROẞE TÜR! UND WENN ICH REINGEHE, WIRD SOGAR MEIN NAME AN DER TÜR STEHEN.
DU BIST IMMER NOCH SO VERRÜCKT IM KOPF, DU!
KYLIAN! WARTE AUF MICH.

HALLO, HERR MBAPPÉ, ICH RUFE AN, WEIL KYLIAN HEUTE MORGEN ZEITWEILIG VERSCHWUNDEN IST.
NICHTS SCHLIMMES, WIR HABEN IHN NUR 2 STUNDEN NICHT GEFUNDEN.
KEINE SORGE, ER IST JA WIEDER HIER, ABER ICH WOLLTE WISSEN, OB ES IN LETZTER ZEIT IRGENDWELCHE PROBLEME IN DER FAMILIE GEGEBEN HAT?
KEINE KONFLIKTE? KEINE TRENNUNG?
GANZ UND GAR NICHT! IM GEGENTEIL, GESTERN HABEN WIR DIE UNTERSCHRIFT SEINES GROßEN BRUDERS FÜR EINEN VEREIN IN DEN EMIRATEN GEFEIERT ...
ALLE HABEN SICH GEFREUT.
ABER JETZT, WO SIE ES SAGEN, KYLIAN HAT EIN WENIG GESCHMOLLT.
GUT, SEIEN SIE ERST MAL UNBESORGT ... ICH HALTE SIE AUF DEM LAUFENDEN, WENN IRGENDWAS IST.
DEIN VATER HAT MIR ERZÄHLT, DASS JIRÈS, DEIN GROßER BRUDER, IN DEN EMIRATEN UNTERSCHRIEBEN HAT ...
... DU WIRST IHN VERMISSEN, ODER?
ABER NEIN!
EIGENTLICH JA ... ABER DAS IST ES NICHT!
WAS IST ES DENN DANN? DAS IST DOCH EINE GUTE NACHRICHT!
WIE SOLL DENN DAS EINE GUTE NACHRICHT SEIN? SICH IN DEN EMIRATEN ZU VERGRABEN, WENN ER VOR DEN TOREN DER FRANZÖSISCHEN NATIONALMANNSCHAFT STEHT UND WIR IN EIN PAAR JAHREN WIEDER ZUSAMMEN SPIELEN KÖNNTEN?!?
DAS AKZEPTIERE ICH NICHT!
ICH VERSTEHE!
KOMM, KYLIAN, MACH DICH FERTIG, WIR HABEN GLEICH TRAINING ... UND HEUTE ...
SPIELEN WIR GEGEN DIE STUFE DRÜBER.
KYLIAN?
GLAUBST DU, DASS DU SPÄTER MIT JIRÈS IN DER FRANZÖSISCHEN NATIONALMANNSCHAFT SPIELEN WIRST?
JA, NATÜRLICH!
ALSO, ICH WOLLTE SCHON, ABER JETZT WEIß ICH WIRKLICH NICHT MEHR, WIE ER AUSGEWÄHLT WERDEN SOLLTE.

FÜR MICH WAR IMMER KLAR: EIN STÜRMER KONZENTRIERT SICH AUF DEN ANGRIFF – DA BLEIBT KEINE ZEIT ZUM VERTEIDIGEN.
KYLIAN, JOÉ, IHR WERDET IN DER ABWEHR SPIELEN.
IHR MÜSST WIRKLICH LERNEN, WIE MAN VERTEIDIGT.
KYLIAN AUF DER RECHTEN SEITE ...
JOÉ AUF DER LINKEN SEITE.
TIPP TIPP
TRiiiii
HOPP! HEY!
TOR!
HOPP! NOCH EINMAL!
JAAA! WIEDER EIN TOR!
UND 6! KYLIAN, ALSO WIRKLICH?!?
JOÉ, SEHR GUT! GUT GEMACHT.

AM NÄCHSTEN WOCHENENDE
ES IST SCHÖN, DICH MAL HIER BEI UNS ZU HAUSE ZU HABEN, JOÉ ... UND CLAIREFONTAINE ... LÄUFT ES GUT?
HMM, JA.
IST WAS NICHT IN ORDNUNG?
HMM, NEIN, FAUZA, ALLES OKAY.
NEIN, DAS IST ES NICHT!
AM MITTWOCH HAT DER TRAINER JOÉ UND MICH FÜR DIE ABWEHR AUFGESTELLT ... UND JOÉ HAT EIN SEHR GUTES SPIEL GEMACHT ...
... ALSO HAT DER TRAINER IHN DIESE WOCHE WIEDER IN DIE ABWEHR GESTELLT.
UND DU? HAT ER DICH NICHT FÜR DIE ABWEHR AUFGESTELLT?
MICH? NEIN!
WEIL ICH TOTAL SCHLECHT WAR!
PUH
ACH JA, STIMMT, FÜR DICH GREIFEN DIE STÜRMER AN, DIE ABWEHRSPIELER VERTEIDIGEN UND DIE MITTELFELDSPIELER SPIELEN IM MITTELFELD.

DIE UNTERSCHRIFT VON JIRÈS IN DEN EMIRATEN ERSCHIEN MIR WIE EIN KLEINER SPORTLICHER TOD ... SELTSAMERWEISE WAR ICH ABER GERADE DABEI, ALS SPORTLER GEBOREN ZU WERDEN.
ICH BIN IN DEN EMIRATEN SUPERGUT AUFGENOMMEN WORDEN, EHRLICH! UND MICH DORT ZU VERPFLICHTEN, GIBT MIR DIE MÖGLICHKEIT, EUCH ETWAS ZURÜCKZUGEBEN, FÜR ALLES, WAS IHR GETAN HABT.
DU SCHULDEST UNS NICHTS, MEIN SOHN!
WIR FREUEN UNS, DICH GLÜCKLICH UND ZUFRIEDEN ZU SEHEN.
NEIN, JIRÈS, JETZT MAL GANZ IM ERNST, FUßBALL FINDET IN EUROPA STATT!
KYLIAN, DU HAST DAZU NOCH NICHTS ZU SAGEN.
UND HÖR AUF ZU SCHMOLLEN!
JIRÈS, DU BIST ERWACHSEN UND MACHST, WAS DU WILLST ... ICH MUSS DIR ABER SAGEN, DASS ICH EIN BISSCHEN WIE KYLIAN DENKE ...
... DER SICH BESSER MAL NICHT ZU SEHR AUF SEINEN STÄRKEN AUSRUHEN SOLLTE!
WEIßT DU, WENN DEIN TRAINER DICH ALS AUßENVERTEIDIGER SPIELEN LÄSST, DANN UM DIR KLARZUMACHEN, DASS DU VERTEIDIGEN MUSST, UM DEINEM AUßENVERTEIDIGER ZU HELFEN.
ICH VERTEIDIGE NICHT!
ER REGT MICH AUF! ER REGT MICH AUF!
WEIßT DU, DASS MAN VON ERWACHSENEN MANCHMAL ETWAS LERNEN KANN?!?
ICH VERTEIDIGE NICHT!
UND DAS SAGT ER UNS? ... EINER FAMILIE VON SPORTLERN, DIE GERNE VERTEIDIGEN UND WISSEN, WIE WICHTIG DAS IST!
ICH VERTEIDIGE NICHT!
IN FRANKREICH FRAGT MAN SICH BEI EINEM STÜRMER IMMER, OB ER GUT VERTEIDIGT HAT.
DAS MACHT ÜBERHAUPT KEINEN SINN.
IHR WERDET SEHEN, DASS ICH DEN FUßBALL TOTAL VERÄNDERN WERDE.
UND ICH VERTEIDIGE NICHT!
JA, NUN, IM MOMENT BIST DU GERADE MAL IN CLAIREFONTAINE?! ICH BIN MIR NICHT SICHER, OB SICH JEMAND AUS DEM SPITZENFUßBALL FÜR DICH INTERESSIERT, WENN DU WEITER SO STUR BLEIBST!
KLINGELING

HALLO!
HERR ZI...?
ZIDANE?
ZINÉDINE... ZIDANE?
SIE MÖCHTEN KYLIAN EINLADEN,
DIE ANLAGE VON REAL MADRID ZU BESICHTIGEN?
JA, NATÜRLICH, DAS WIRD IHM GEFALLEN,
GLAUBEN SIE'S NUR! UND UNS AUCH.
JA, DAS IST EIN GUTER
TERMIN! DAS IST AUßERDEM
SEIN GEBURTSTAG.
NA DANN, VIELEN DANK, ÄH ...
UND KOMPLIMENT FÜR ALLES,
WAS SIE GETAN HABEN!
YESS!
UND ES LEBE ÄHM ...
ES LEBE FRANKREICH!
UND? ...
WAS HABEN
WIR GESAGT?
NICHTS!
WIR
HABEN
NICHTS
GESAGT!

CRISTIANO RONALDO
JIRÈS KEMBO
Jirès Kembo
VIELLEICHT SEHE ICH JA SOGAR CRISTIANO RONALDO!
HEY, CRISTIANO? GLAUBST DU, ICH WERDE DICH SEHEN?
NATÜRLICH, KYLIAN!
ES WIRD MIR EINE FREUDE SEIN, DICH KENNENZULERNEN.
VIELLEICHT KÖNNEN WIR SOGAR EIN PAAR PÄSSE TAUSCHEN!
DU BIST SO TALENTIERT!
NA, JUNGS, HABT IHR SPAß?
HIER, KYLIAN, DAS TRIKOT VON REAL MADRID, EIN GESCHENK DES CLUBS!
KOMMT, ICH MACHE EIN FOTO VON EUCH.

UND SO, IN DER FOLGENDEN WOCHE ...
MACHT DIR DAS FLUGZEUG SO VIEL ANGST, KYLIAN?
NEIN, ABER ICH WERDE DOCH ZIDANE UND DIE STARS VON REAL MADRID TREFFEN.
BITTE SCHNALLEN SIE SICH AN, WIR BEGINNEN IN KÜRZE MIT DEM LANDEANFLUG AUF DEN FLUGHAFEN MADRID-BARAJAS.

ZIDANE ...
ES IST ZIDANE ...
ZIDANE!
NA, KYLIAN, GEHT ES DIR GUT?
HATTEST DU EINEN GUTEN FLUG?
OH JAAA!
KOMMST DU MIT MIR? ICH BRINGE DICH ZUM TRAININGSZENTRUM.
HMM.
MUSS ICH DIE SCHUHE AUSZIEHEN?
?
ABER NEIN, WARUM DENN?
ACH ... DAS HABE ICH GESAGT, WEIL ICH DIE SITZE NICHT MIT MEINEN FÜẞEN SCHMUTZIG MACHEN WILL!
HE HE
?

ALSO ... WER IST HIER DER KLEINE TRÄUMER? HABE ICH EUCH NICHT GESAGT, DASS ICH EUCH INS STADION VON REAL MADRID MITNEHMEN WERDE?
Gate A1
Abflüge
UND SOGAR IN DEN CLUB!
UND VON KÖNIG ZIDANE SELBST EMPFANGEN!
ZIZOUUUU RRRR
WAS HABEN DIE DIREKTOREN VON REAL ÜBRIGENS ZU EUCH GESAGT?
HM ?
ZIZOUUUU ZZZZ
WIE AUCH IMMER, KYLIAN, HATTEST DU EIN SCHÖNES WOCHENENDE?
DAS SCHÖNSTE IN MEINEM GANZEN LEBEN.
NUN, DAS IST ALLES, WAS ZÄHLT.
UND NEYMAR ZZ ... ER WIRD EINES TAGES AUCH MIT MIR SPIELEN NEY... ZZZ ...MAR? ...ZZZZZZZ ZZZZ...
MACH AUS DEINEM LEBEN EINEN TRAUM ... UND AUS EINEM TRAUM WIRKLICHKEIT ...
ANTOINE DE SAINT-EXUPÉRY

EIN SCHÖNES TREFFEN ... GEFOLGT VON GUTEN VORSÄTZEN FÜR DEN FUßBALL?

PAPA, KANN ICH RAUSGEHEN?
RAUSGEHEN? ABER ES IST SCHON 21 UHR! WO WILLST DU DENN UM DIESE ZEIT HIN?
ACH ... ICH WEIß NICHT ... EINE RUNDE DREHEN ... MIT FREUNDEN.
ES IST FREITAG.
SELTSAME IDEE! DAS IST NICHT DIE ZEIT. MORGEN, WENN DU MÖCHTEST ...
UND EIN BISSCHEN FRÜHER.
PFFF, WENN WIR IN BONDY-NORD WOHNEN WÜRDEN, WÄRE ES UNGEFÄHRLICH UND DU WÜRDEST MICH LASSEN.
MAMA, PAPA HAT NEIN GESAGT.
HAST DU IHM DIE WAHRHEIT GESAGT?
ÄH ... NEIN!
DANN SAG'S IHM ...
ÄH ... PAPA ... WILLST DU MICH WIRKLICH NICHT RAUSGEHEN LASSEN?
WIE IST DER PLAN? MIT WEM? ...
EINER FREUNDIN!
WAS?
EINER FREUNDIN! NUR EINEN MOMENT HIER IM VIERTEL.
DU HAST EINE FREUNDIN?
WARUM HAST DU MIR DAS NICHT GLEICH GESAGT?
HMM ... ICH WEIß NICHT!
UND DU MAGST SIE?
AH, JA!!! MINDESTENS SO SEHR WIE EIN FUßBALL-SPIEL.
NA, IN DEM FALL IST ES OKAY, DANN GEH ... ABER UM 23 UHR BIST DU WIEDER ZURÜCK, JA?
DANKE, PAPA!
ÄH, KYLIAN ...
NUR EINE SACHE!
EIN RAT ... VON VATER ZU SOHN. DAS, WAS DU MIR GERADE GESAGT HAST ...
DER VERGLEICH MIT EINEM FUßBALLSPIEL ...
DAS WÜRDE ICH IHR NICHT ERZÄHLEN.
NICHT?
JA, DAS IST BESSER!
OKAY, PAPA!

HAHA! VERSPROCHEN, KYLIAN, ICH WERDE DEINEM VATER NICHTS ERZÄHLEN!!!
JIRÈS?
DAS IST OKAY! ER WEIß BESCHEID ... ICH HABE NICHTS ZU VERBERGEN!
DAS IST MEIN GROßER BRUDER JIRÈS, ER IST FÜR EIN PAAR TAGE HIER, ER IST PROFIFUßBALLER IN DEN EMIRATEN ... ABER DAVOR HAT ER IN DER 1. LIGA GESPIELT ... BEIM STADE RENNAIS.
AH?
SUPER!
NANU ... KYLIAN?
WENN DU WILLST, MACHEN WIR MORGEN FRÜH EIN 5 VS. 5 HALLENFUßBALLSPIEL ... MIT YANN M'VILA, BRAHIMI UND DEN ANDEREN ... UM 9 UHR GEHT'S LOS!
AH, JA!
HOPPLA, ES IST SCHON SPÄT ... ICH MUSS GEHEN.
MORGEN HABE ICH ... NUN, ICH MUSS ... ÄH ...
ABER ICH LIEBE DICH SO SEHR WIE EIN FUßBALLSPIEL ... ÄH ... ... NA JA ... SOGAR NOCH MEHR!
BIS MORGEN ... ABEND!
HEHE!
JIRÈS!

AM NÄCHSTEN TAG
HALLO, MEIN FREUND! ICH HABE MEINEN KLEINEN BRUDER KYLIAN MITGEBRACHT.
COOL!
GUT, KYLIAN, DU SPIELST RICHTIG, JA? ... UND VERGISS DEINE SPIELEREIEN!
GEHT KLAR ... DU KENNST MICH DOCH!
JA, GENAU!
ZU MIR!
UUPS!
ABER TU WENIGSTENS WAS, WENN DU DEN BALL VERLIERST!
JA, WAS SOLL'S!
UND DA ... TOR! WEGEN DIR!
JETZT HABE ICH ABER DIE NASE VOLL VON DIR! ICH HÄTTE DICH NIE MITNEHMEN SOLLEN!
BRAHIMI 8

DU HAST MICH SO BLAMIERT, DAS IST DAS LETZTE MAL!
MEINE FREUNDE SIND PROFIS WIE ICH. DU MUSST SIE EIN WENIG MEHR RESPEKTIEREN!
SPIEL WENIGSTENS ERNSTHAFT!
PAH!
UND?
DAS WAR TOTAL SCHLECHT!
ER HAT DEN GANZEN MORGEN DEN CLOWN GESPIELT ...
HIER EINE ALBERNHEIT ... DA EINE ALBERNHEIT ... NULL ABWEHR.
ES WAR IHM TOTAL EGAL.
UND NUN NIMMST DU IHN NICHT MEHR MIT!
JA, GENAU! ICH NEHME DICH NICHT MEHR MIT!
DAS WAR'S!
JIRÈS?
WAS?
NIMM MICH NOCH EINMAL MIT, ICH VERSPRECHE DIR, ICH WERDE BESSER SPIELEN.
VERSPROCHEN?
JA!
IN ORDNUNG! WIR GEHEN MORGEN WIEDER HIN ... ABER WEHE, DU VERPATZT ES NOCH MAL!
WEIL ES DANN DAS LETZTE MAL SEIN WIRD.
DU KONNTEST ZU KYLIAN SOWIESO NOCH NIE NEIN SAGEN!

JIRÈS, WIE GEHT'S? BEREIT FÜR DAS 5 VS. 5?
HAST DU DEINEN VORSICHTIGEN BRUDER WIEDER MITGEBRACHT?
HALLO, KYLIAN, WIE GEHT'S?
DU BIST NICHT SCHLECHT, ABER DU MUSST WIRKLICH LERNEN, SCHLAGKRÄFTIGER ZU SPIELEN.
FUßBALL IST KEINE SPIELEREI, UM SPAß ZU HABEN. FUßBALL HAT …
… WAS MIT LEIS-TUNG ZU TUN!
TIPP TIPP!
UND DENK DRAN, KYLIAN! DU HAST MICH GESTERN BLAMIERT, DAS WIRST DU NICHT NOCH EINMAL MACHEN.
UND LOS GEHT'S!
FIVE
?
SAG MAL, DER IST ABER STARK, DER KLEINE!
KYLIAN! EIN PASS!

DANKE, KLEINER BRUDER!
UND TOR!

SO, JUNGS,
DER KLEINE MACHT ES UNS GERADE GANZ SCHÖN SCHWER!
DAS IST PEINLICH, WIR SIND PROFIS, ODER NICHT?
ALSO, JUNGS, WEITER GEHT'S, WIR GEBEN NICHT AUF!
5
five

BRAVO, LEUTE, GUT GESPIELT!
FIVE
SUPER SPIEL!
DANKE, KLEINER!
BRAVO, YANN!
NEIN, ABER IM ERNST, JIRÈS, WAS IST DAS DENN FÜR EIN AUßERIRDISCHER?
DU HAST DA JA EIN RIESENTALENT IN DER FAMILIE.
JA, DAS HABE ICH GENAUSO GESEHEN WIE DU!
ICH WUSSTE, DASS ER GUT IST, ABER DAS HIER ... ÜBERTRIFFT ALLE ERWARTUNGEN.
UND, WAS WAR DIESES MAL? KYLIAN HAT DOCH NICHTS FALSCH GEMACHT?
ACH, NEIN!
KYLIAN WAR GANZ AUßERGEWÖHNLICH ... ALLE WAREN VÖLLIG AUS DEM HÄUSCHEN ... FAYZA, WILFRID, DAS IST WIRKLICH EIN RIESENTALENT, WAS IHR DA HABT!
SEHR SCHÖN, DANN KANN ICH ALSO WIEDER MITKOMMEN?!?

DANN, EINES TAGES, WAR MEINE AUSBILDUNG IN CLAIREFONTAINE BEENDET.
UND DAS WAR'S.
FÜR EUCH IST DAS KAPITEL CLAIREFONTAINE JETZT BEENDET ...
DIESE ZWEI GEMEINSAMEN JAHRE WAREN REICH ...
... REICH AN FREUDE UND LEID ...
BLA BLA BLA BLA BLA
BLA BLA BLA BLA BLA BLA BLA.
... UND AM SAMSTAG WERDEN WIR EUCH UND EURE ELTERN EIN LETZTES MAL ZU EINEM ABSCHIEDSFEST EMPFANGEN.
UND DU, WO UNTERSCHREIBST DU?
FC LORIENT.
JOÉ, WARTE AUF MICH! WIR FAHREN ZUSAMMEN NACH HAUSE.
NA, KYLIAN ... BIST DU NICHT TRAURIG, CLAIREFONTAINE ZU VERLASSEN?
BIST DU VERRÜCKT?
BUS
CLAIREFONTAINE ... ICH WEIß, DASS ICH WIEDERKOMME ... UND ZWAR DURCH DIE GROßE TÜR!
!
GIB MIR 4 JAHRE!

EIN PAAR TAGE SPÄTER WÜRDE ICH ZUM ERSTEN MAL FUẞBALL ERLEBEN, BEI DEM NICHTS VERLÄUFT WIE GEPLANT.
KYLIAN … WIR MÜSSEN DIR ETWAS SAGEN … DU WIRST NICHT NACH CAEN GEHEN.
MEIN SCHATZ!
NEIN?
NEIN!
GENIAL!
HATTE ICH EH KEINE LUST ZU.
?
AH, OKAY? ABER WARUM HAST DU UNS DAS NICHT GESAGT?
NA JA … ICH HATTE DAS GEFÜHL, ES WÜRDE EUCH GEFALLEN.
CLAIREFONTAINE, AM NÄCHSTEN TAG
WAS ERZÄHLEN SIE MIR DA, WILFRID? KYLIAN GEHT DOCH NICHT NACH CAEN?
NEIN!
ALAIN CAVEGLIA HAT UNS VORGEWARNT. DER VEREIN BLEIBT IN DER 2. LIGA.
SIE MÖCHTEN DAS GELD FÜR KYLIAN NICHT MEHR AUSGEBEN.
JA, JA, IN CAEN KANN ES NICHT AUF ALLEN ETAGEN LEUTE MIT VISIONEN GEBEN!
MEIN LIEBER WILFRID, ICH DENKE, KYLIAN HAT ETWAS BESSERES VERDIENT ALS CAEN.
ICH NEHME AN, SIE HABEN NOCH ANDERE MÖGLICHKEITEN!
DA WÄRE NOCH REAL …
UND ES GIBT AUCH NOCH BORDEAUX.
UND MONACO HAT NEUERDINGS AUCH INTERESSE … WIR SIND IMMER NOCH IN KONTAKT, SEI DER ZEIT, ALS JIRÈS FAST BEI IHNEN UNTERSCHRIEBEN HÄTTE.
VIEL GLÜCK, WILFRID, ICH HABE KEINE ZWEIFEL, DASS KYLIA ERFOLG HABEN WIRD.

*TRAINER UND SCOUT BEI AS MONACO.

MONACO ... ICH KÖNNTE SCHLICHT SAGEN, DASS ES NICHT MEINE WELT WAR
AUGUST 2013
HALLO, KYLIAN, ICH BIN DIE PRESSESPRECHERIN DER AS MONACO, ICH FÜHRE DICH HERUM.
DAS IST DEIN NEUES LEBENSUMFELD.
ES IST HOCH!
DEINE SCHULE.
DIE IST KLEIN!
MIT BRUNO IRLES KONNTEN WIR UNS NIE RICHTIG VERSTÄNDIGEN.
DAS TRAINGSZENTRUM, HIER WIRST DU WOHNEN.
TRAININGS-ZENTRUM
DAS IST TOLL!
UND DAS IST BRUNO IRLES, DER JUGENDTRAINER DER AS MONACO.
XGTSBCDSRCX XSQWC CDSX CXQDS CRTS
CVCRDFES CSERDC SRDESFV DDTSFVETD GYGDRE SQQR V ERECEB
XFDRE RDTEF VHDYFTE BBDDREY
XCVS
ICH WILL NACH HAUSE!

ICH WAR NICHT DER EINZIGE, FÜR DEN MONACO EINE ANDERE WELT WAR.
ACH JA, WAS SOLL'S!
SIND DAS PREISE!
AS MONACO
HM, HABE ICH EINEN EURO ZU VERSCHENKEN?
WIE ... KEINE BETTLER VOR DEN SUPERMÄRKTEN HIER?!?
?
HIER, MEIN GUTER MANN!
HALLO! WARTEN SIE!
ICH HABE NICHT GEBETTELT!
ABER WARTEN SIE DOCH ... ES IST NICHT SO, WIE SIE DENKEN!
TRIIII!

MIR FEHLTE ES WEDER AM EHRGEIZ NOCH AM WILLEN ... ABER ES WAR KLAR, DASS ETWAS NICHT STIMMTE.

IM TRAININGSZENTRUM BEKAM ICH EINEN VORGESCHMACK AUF DEN PROFIFUßBALL.
HEY, DU BIST NICHT WIE WIR!
AH? DANKE!
NEIN, ICH MEINE DAMIT: DU BIST 16 JAHRE ALT UND HAST IN EINEM SPIEL MIT UNS 6 TORE GESCHOSSEN, UND WIRD SIND ALLE 18 ...
DU BIST NICHT WIE WIR!
14 JAHRE ... NICHT 16!
DU HAST EINE PRÄMIE FÜR DIE UNTERSCHRIFT BEKOMMEN.
????
DU BIST RICHTIG STARK! SIE HABEN DICH BESTIMMT DAFÜR BEZAHLT, DASS DU HIER UNTERSCHREIBST!
DEFINITIV! KOMM SCHON ... SAG UNS, WIE VIEL.
DU SPIELST WEIT ÜBER DEINER ALTERSKLASSE UND BIST IMMER NOCH DER STÄRKSTE.
WIE VIEL HABEN SIE DIR DAFÜR BEZAHLT, DASS DU HIER UNTERSCHREIBST?
ABER ICH WEIß ES NICHT ...
ICH WEIß NICHT MAL, WOVON IHR REDET.
DER IST JA ECHT SCHRÄG!
HEY, DU WILLST UNS DOCH NICHT ERZÄHLEN, DASS DU NICHT WEGEN DER KOHLE FUßBALL SPIELST?
UM DA RAUSZUKOMMEN!
UM WO RAUSZUKOMMEN?
ABER SICHER ... DU HAST EINE PRÄMIE FÜR DIE UNTERSCHRIFT BEKOMMEN.
LASS DOCH, DER IST SELTSAM.

WÄHRENDDESSEN HABEN MEINE ELTERN MICH WEITERHIN VOR DEN ÜBELN DES FUßBALLGESCHÄFTS BESCHÜTZT.
BONDY, AM NÄCHSTEN WOCHENENDE
WIE, EINE PRÄMIE FÜR DIE UNTERSCHRIFT? WOVON REDEST DU?
DIE ANDEREN SPIELER BEI ASM, ALS DIE MICH SPIELEN GESEHEN HABEN, MEINTEN SIE, ICH HÄTTE GANZ BESTIMMT EINE PRÄMIE FÜR DIE UNTERSCHRIFT BEKOMMEN …
SAG MIR DIE WAHRHEIT.
DIE WAHRHEIT? ABER FÜR WEN HÄLTST DU DICH? EINE UNTERSCHRIFTSPRÄMIE …
SO EIN BLÖDSINN!
ABER WAS IST DAS DENN FÜR EINE PRÄMIE?
KYLIAN, EINE UNTERSCHRIFTSPRÄMIE, DAS IST, WENN EIN VEREIN DICH UNBEDINGT HABEN WILL. DANN ZAHLT ER, DAMIT DU NICHT WOANDERSHIN GEHST.
AHA, DA HABEN WIR'S!
DANKE, ONKEL ALAIN.
UND BEI MONACO WOLLTEN SIE MICH UNBEDINGT, ODER?
JA, ABER DARUM GEHT ES NICHT.
ALSO HABE ICH EINE UNTERSCHRIFTSPRÄMIE BEKOMMEN!
SAG …
WIE HOCH IST MEINE UNTERSCHRIFTSPRÄMIE?

15.000 …
WIE VIEL?
15.000!
HERR MBAPPÉ, HIER IST DAS NEUE GEPANZERTE FAHRZEUG, DAS SIE ZUM TRAINING BRINGT.
15.000 EURO!!!
… MIT 15.000 EURO, DA ÄNDERT SICH DAS GANZE LEBEN!
YIPPIE!

HAHA, DAS IST NIEDLICH, WIE ER REAGIERT ... ER MUSS UNBEDINGT SO UNSCHULDIG UND SPONTAN BLEIBEN.
JEP!
YIPPIE
VOR ALLEM, WEIL ER IN WIRKLICHKEIT ...
400.000 BEKOMMEN HAT!
400.000!
YIPPIE!
KYLIAN, DU UND DIE GANZE FAMILIE ... EUER LEBEN WIRD SICH TOTAL VERÄNDERN!
?

GARAGE
KYLIAN! DA MUSS MAN MIT DEM KOPF SPIELEN! BENUTZ DEINEN KOPF!
KOMM SCHON ... LASS DIR SO EINE GELEGENHEIT NICHT ENTGEHEN!
DER KOMMT VON DER GLEICHEN SEITE!
GARAGE
KYLIAN!!! DEIN KOPF ... BENUTZ DEN KOPF!
DU VERTEIDIGST SCHON NICHT! DANN VERSUCH WENIGSTENS, EIN ANSTÄNDIGER STÜRMER ZU SEIN!
DU WILLST, DASS ICH MEINEN KOPF BENUTZE.
OKAY, ICH WERDE MEINEN KOPF BENUTZEN!
DER FLÜGELSPIELER FLANKT IMMER HART, VOR ALLEM AUF DEN ZWEITEN PFOSTEN ...

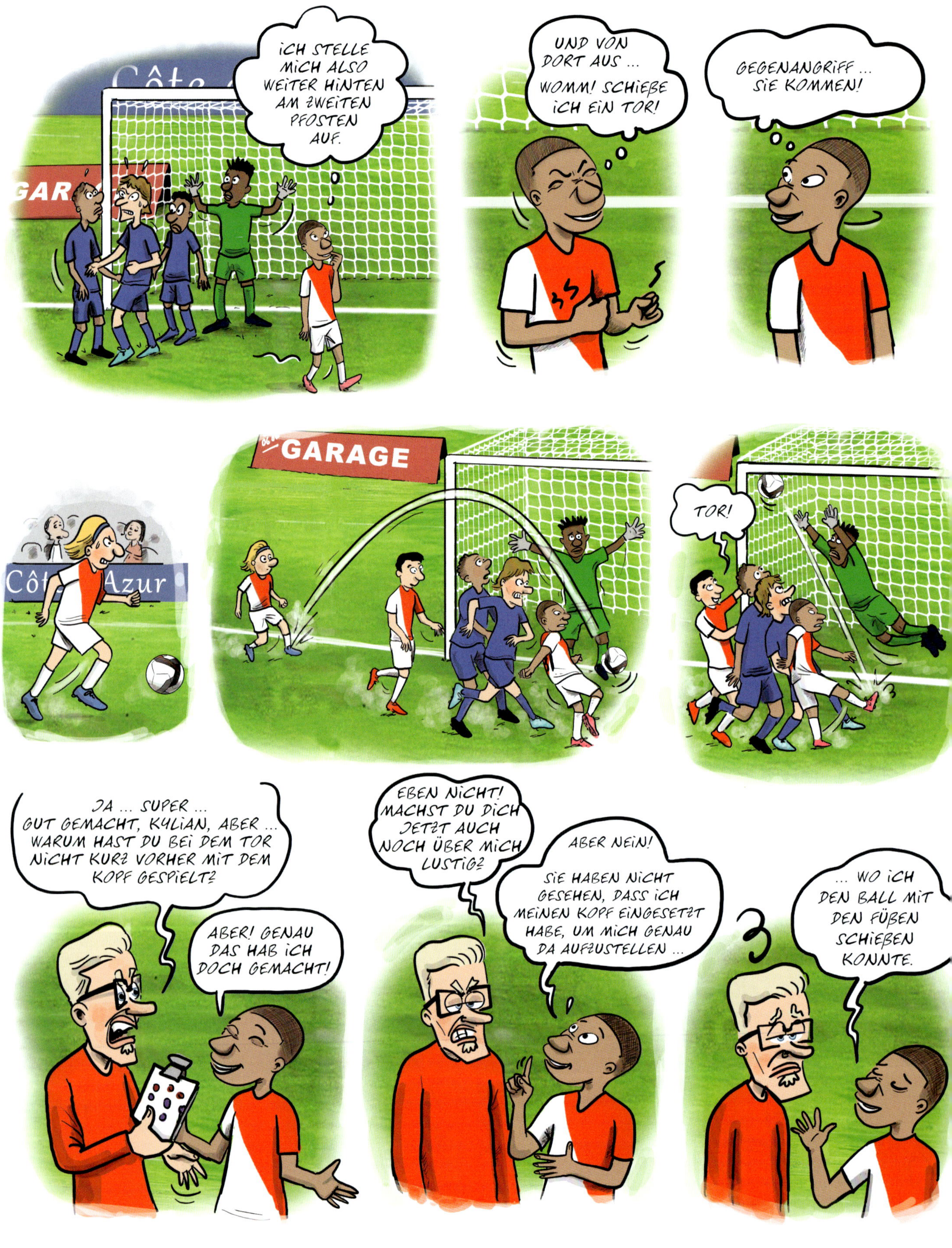
ICH STELLE MICH ALSO WEITER HINTEN AM ZWEITEN PFOSTEN AUF.
UND VON DORT AUS ... WOMM! SCHIEßE ICH EIN TOR!
GEGENANGRIFF ... SIE KOMMEN!
GARAGE
Côte d'Azur
TOR!
JA ... SUPER ... GUT GEMACHT, KYLIAN, ABER ... WARUM HAST DU BEI DEM TOR NICHT KURZ VORHER MIT DEM KOPF GESPIELT?
ABER! GENAU DAS HAB ICH DOCH GEMACHT!
EBEN NICHT! MACHST DU DICH JETZT AUCH NOCH ÜBER MICH LUSTIG?
ABER NEIN!
SIE HABEN NICHT GESEHEN, DASS ICH MEINEN KOPF EINGESETZT HABE, UM MICH GENAU DA AUFZUSTELLEN ...
... WO ICH DEN BALL MIT DEN FÜßEN SCHIEßEN KONNTE.

TROTZ DER ETWAS KOMPLIZIERTEN SITUATION MIT MEINEM MONEGASSISCHEN TRAINER WURDE DER TRAINER DER U17-NATIONALMANNSCHAFT AUF MICH AUFMERKSAM.

UND, KYLIAN, WIE WAR DAS ERSTE AUSWAHLSPIEL MIT DEN BLAUEN?
HAT'S SPAß GEMACHT?
DAS WAR SUPER, JUNGS.
NA LOS, KOMMT, WIR HABEN KEINE ZEIT ZU VERLIEREN!
VOR DEM TRAINING ZEIGE ICH EUCH DIE MANNSCHAFTSAUFSTELLUNG FÜR DAS SPIEL AM SAMSTAG.
ERSATZSPIELER ... TRISTAN ... ÉRIC ... KYLIAN ...
kylian
ÉRIC, WÄRM DICH AUF, DU GEHST REIN. DU WIRST DAS SPIEL FÜR UNS GEWINNEN!
BEIM NÄCHSTEN SPIEL WILL ICH PÄSSE SEHEN! DIE MANNSCHAFT SPIELT GUT ZUSAMMEN, ICH HABE DIE GLEICHE STARTELF AUFGESTELLT ... MIT AUSNAHME VON ÉRIC, DER VON ANFANG AN DABEI IST.
KYLIAN, DICH HABE ICH FÜR DIE 2. MANNSCHAFT AUFGESTELLT ... IHR HABT EIN WICHTIGES SPIEL IN GRASSE.
DIR WERD ICH BEIBRINGEN, BESCHEIDEN ZU SEIN!
KYLIAN! ... SPIEL PÄSSE!
IM NÄCHSTEN SPIEL ...
kylian
KYLIAN MIT DER 2. MANNSCHAFT!
KYLIAN! WO GEHST DU HIN?
ICH GLAUBE, IN DIE 2. MANNSCHAFT!

* TECHNISCHER DIREKTOR BEI AS MONACO

* FC PAU, FUßBALLVEREIN IN DER 2. LIGA

MAMA, HÄTTEST DU HERRN CAMPOS NEULICH WIRKLICH DIE 15.000 EURO ZURÜCKGEGEBEN?
SUPER markt
ABER … HAT PAPA DIR DAS IMMER NOCH NICHT GESAGT?
WAS GESAGT?
DAS SIND 400.000, DIE DU BEKOMMEN HAST!
400.000 …
… EURO?
JA, WAS DENN SONST! KEINE 400.000 FRANCS!
400.000 EURO!
CASINO
CASINO
MONTE CARLO
BITTE LASSEN SIE MICH REIN, ICH MÖCHTE NUR EIN GLAS WASSER TRINKEN … ICH BRAUCH DAS.
TUT MIR LEID, JUNGER MANN, HIER IST KORREKTE KLEIDUNG VORGESCHRIEBEN … KEINE KURZEN HOSEN, KEINE TRAININGSANZÜGE, KEINE EINKAUFSBEUTEL.
AH?
400.000 EURO …
BALD WERDE ICH SOGAR IN UNTERHOSEN HIER REINKOMMEN!
400.000 EURO …
… IN UNTERHOSE.

* 2. MANNSCHAFT DER PROFIKADER

* TRAINER VON AS MONACO.

WIE KOMMT'S, DASS MAN DIR MIT 18 JAHREN NOCH NIE ANGEBOTEN HAT, MIT DEN PROFIS ZU TRAINIEREN?
ICH WEIß NICHT! ICH BIN JA ERST 16.
AHA! DESHALB!
PFFF ... IST DAS ANSTRENGEND!
AH, JA, FÜR JEMAND IN DEINEM ALTER MUSS ES WIRKLICH SEHR ANSTRENGEND SEIN, MIT DEN PROFIS ZU TRAINIEREN.
NEIN, DAS HABE ICH NICHT GEMEINT!
WIR MÜSSEN MIT DEINEM AGENTEN SPRECHEN ... HAST DU JEMANDEN, DER SICH UM DEINE KARRIERE KÜMMERT?
JA, NATÜRLICH, DAS MACHT MEIN VATER! DER HERR, DER NEBEN IHNEN AUF DER TRIBÜNE SAß.
NA LOS! DANK DIR KOMMEN WIR HIER RAUS! DAS GIBT MILLIONEN FÜR MICH!
AH, JA, ICH VERSTEHE!
DU MUSST DIR EINEN AGENTEN SUCHEN, MEIN JUNGE, BEI DEINEM TALENT IST DAS SEHR WICHTIG.
DAS IST SEHR FREUNDLICH, ABER DANKE, ICH VERTRAUE MEINEM VATER ... SO WIE ER MIR VERTRAUT! WIR MACHEN DAS IN DER FAMILIE.
KOMMEN SIE, MEIN HERR!
UND WIE STEHT'S UM DEINEN VERTRAG?
DER VERTRAG LÄUFT BALD AUS ... ICH HABE NOCH NICHT WIEDER UNTER-SCHRIEBEN.
ABER ... ABER WARUM?
NUN, WENN ICH NICHT ALS PROFI SPIELE, UNTERSCHREIBE ICH AUCH NICHT ALS PROFI!
ABER SO GEHT DAS NICHT!
BEI UNS SCHON!
ABER ICH KANN IHN NICHT ALS PROFI SPIELEN LASSEN! WENN IHN ANDERE VEREINE ENTDECKEN, KÖNNTE ER JEDERZEIT GEHEN. DENK MAL DRÜBER NACH, UM WELCHE BETRÄGE ES HIER GEHT.
ICH MUSS MIT VASILYEV SPRECHEN.
... UND MIT SEINEM VATER!
GUTEN TAG, HERR ...! HÖREN SIE, SIE MÜSSEN EINEN AGENTEN FÜR IHREN SOHN FIN-DEN, SONST LÄUFT DAS NICHT!
WILFRID, FREUT MICH SEHR!
UND DANN MUSS ER ALS PROFI UNTERSCHREIBEN, VERSTEHEN SIE?

AUßERDEM ... WARUM HAT ER NICHT UNTERSCHRIEBEN?
WAR ES FÜR SIE NICHT GENUG?
ES GEHT NICHT NUR UM DIE SUMME. ES GEHT AUCH UM DAS SPORTLICHE PROJEKT.
ES IST BESSER, WENN SIE PROFIS UM SICH HERUM HABEN!
DER CLUB HAT IHNEN DOCH BESTIMMT EINEN VERTRAG ANGEBOTEN, ODER? ...
SIE WISSEN SCHON ... DIESE PAPIERE MIT DEM GELDBETRAG UNTEN DRAUF.
... DIE INTERESSEN DES CLUBS ...
ICH LASSE IHNEN DIE VISITENKARTE VON MEINEM AGENTEN DA ... RUFEN SIE IHN AN, ER KANN IHNEN HELFEN ... IHNEN TIPPS GEBEN!

WIR SIND NATÜRLICH VOM PRÄSIDENTEN, HERRN VASILYEV, ANGESPROCHEN WORDEN, EIGENTLICH NICHTS KONKRETES ... ABER IN DEN LETZTEN WOCHEN HAT SICH DAS ALLES BESCHLEUNIGT.
WISSEN SIE, DAS WICHTIGSTE IM LEBEN IST, SICH WOHLZUFÜHLEN ... GLÜCKLICH ZU SEIN UND ...
ZUFRIEDEN ...
UND MEIN SOHN HAT AUS VERSCHIEDENEN GRÜNDEN GERADE ZWEI ETWAS SCHWIERIGE JAHRE IN MONACO HINTER SICH!
UND ALS TRAINER KANN ICH IHNEN SAGEN, DASS ER AUS SPORTLICHER SICHT BEREIT IST.
DAS KANN ICH BESTÄTIGEN!
ABER TRAINER ZU SEIN, BEDEUTET MEHR, ALS NUR DIE SPORTLICHEN PUNKTE ZU SEHEN. DER MENSCH IST EIN KOMPLEXES WESEN.
DAHER NEHMEN WIR UNS LIEBER ETWAS MEHR ZEIT ... UM EINE GEWISSE SICHERHEIT ZU HABEN. WIR SEHEN EHER DAS MENSCHLICHE ALS DAS GELD.
WIR WISSEN NATÜRLICH, DASS DAS IM PROFIFUßBALL NICHT ÜBLICH IST ...
ALLERDINGS SIND DAS UNSERE WERTE UND DAVON WERDEN WIR NICHT ABWEICHEN ...
KYLIAN UND ICH SIND DER MEINUNG, DASS ER ES WEGEN SEINER LEISTUNGEN VERDIENT HAT, EINE CHANCE IN DER 1. MANNSCHAFT ZU BEKOMMEN ...
... UND WENN DER CLUB NICHT DER GLEICHEN MEINUNG IST, WERDEN WIR NICHT ZÖGERN, JEDES ANGEBOT ABZULEHNEN, EGAL, WIE VIEL GELD MAN UNS BIETET!
WOW!
ÄH ... DANN BRAUCHEN SIE DIE KARTE EHER NICHT, WAS?!?

DOCH, DOCH, DIE NEHME ICH, MAN WEIß JA NIE!
GUT ... WIR SEHEN UNS BALD WIEDER, ES WAR MIR EIN VERGNÜGEN ...
EBENFALLS.
ÄHM ... HERR MBAPPÉ?
SIE HABEN NICHT VIELLEICHT EINE VISITENKARTE?
UND WÜRDEN SIE AUCH MIT ANDEREN ALS IHREM SOHN ARBEITEN WOLLEN?
!

MEINE FAMILIE UND ICH WAREN IMMER DER MEINUNG, DASS ES NICHT ALLEIN DARUM GEHT, ALS PROFI ZU UNTERSCHREIBEN … MAN MUSS AUCH ALS PROFI SPIELEN.
PLING!
?
PLING!
PLING!
NA SO WAS? … DER PRÄSIDENT VON MONACO?
UM DIESE UHRZEIT?
LIEBER WILFRID, ICH FREUE MICH, IHNEN MITTEILEN ZU KÖNNEN, DASS KYLIAN SEINEN ERSTEN PROFIVERTRAG BEI AS MONACO UNTERSCHREIBEN KANN.
JAAA!
LASST MICH ANTWORTEN …
HMMM
?
SEHR GEEHRTER HERR VASILYEV … VIELEN DANK FÜR IHR ANGEBOT, ABER WIR MÜSSEN LEIDER ABLEHNEN!
TIPP TIPP
? ? ?
ICH HABE DAS GEFÜHL, WIR SORGEN AUF DEM FELSEN VON MONACO GERADE FÜR EIN ERDBEBEN!

SCHNELL, ZU DEN MBAPPÉS!
FLAP FLAP FLAP
ROGER, HERR VASILYEV!
FLAP FLAP FLAP
FLAP FLAP
HERRJE, ER WIRD NOCH MEINEN RASEN RUINIEREN!
FLAP
AH, HERR MBAPPÉ! ICH HABE WOHL IHRE NACHRICHT FALSCH GELESEN.
VORSICHT, ICH HABE WINTERJASMIN GEPFLANZT.
ÄH, JA … ENTSCHULDIGEN SIE!
ÄHM, DANN ERKLÄREN SIE MIR DAS MAL! SIE WOLLEN KEINEN PROFIVERTRAG BEI UNS UNTERZEICHNEN???
ZUM GLÜCK IST ES HALB ZEHN ABENDS, DA KÖNNEN WIR DEM GANZEN RUMMEL AUS DEM WEG GEHEN. KOMMT, GEHEN WIR SCHLAFEN …
MORGEN MACHEN WIR SPORT.

LOS, AUFSTEHEN, KYLIAN, ES IST MONTAG, WIR GEHEN ZUM TRAINING.
WAS HAST DU DA ZUM SCHLAFEN AN, IST DAS ETWA DAS TRIKOT VON REAL, DAS WIR DIR GESCHENKT HABEN, ALS DU 5 JAHRE ALT WARST?
JA, SIE HABEN GERADE FÜR DEN VERKAUF IN DEN GOLFSTAATEN DAS KREUZ AUS IHREM LOGO ENTFERNT.
MAMA KANN ES DIR ERKLÄREN.
LA TURBIE
HALLO, HERR IRLES, WAS IST DENN MIT IHNEN PASSIERT?
DAS WAR DER TRAINER DER U19 XWCDFXTSSWX!!!
DA KOMMT ER GERADE!
DAS WAR DER TRAINER DER 2. MANNSCHAFT.
DAS WAR LUIS CAMPOS, DER TECHNISCHE DIREKTOR.
OJE, SIE AUCH, HERR CAMPOS?!?
HÖREN SIE BLOß AUF! DAS WAR DER PRÄSIDENT, HERR VASILYEV.
ER IST VOLLKOMMEN AUßER SICH, WEIL SIE NICHT UNTERSCHREIBEN WOLLEN …
ICH ÜBRIGENS AUCH.

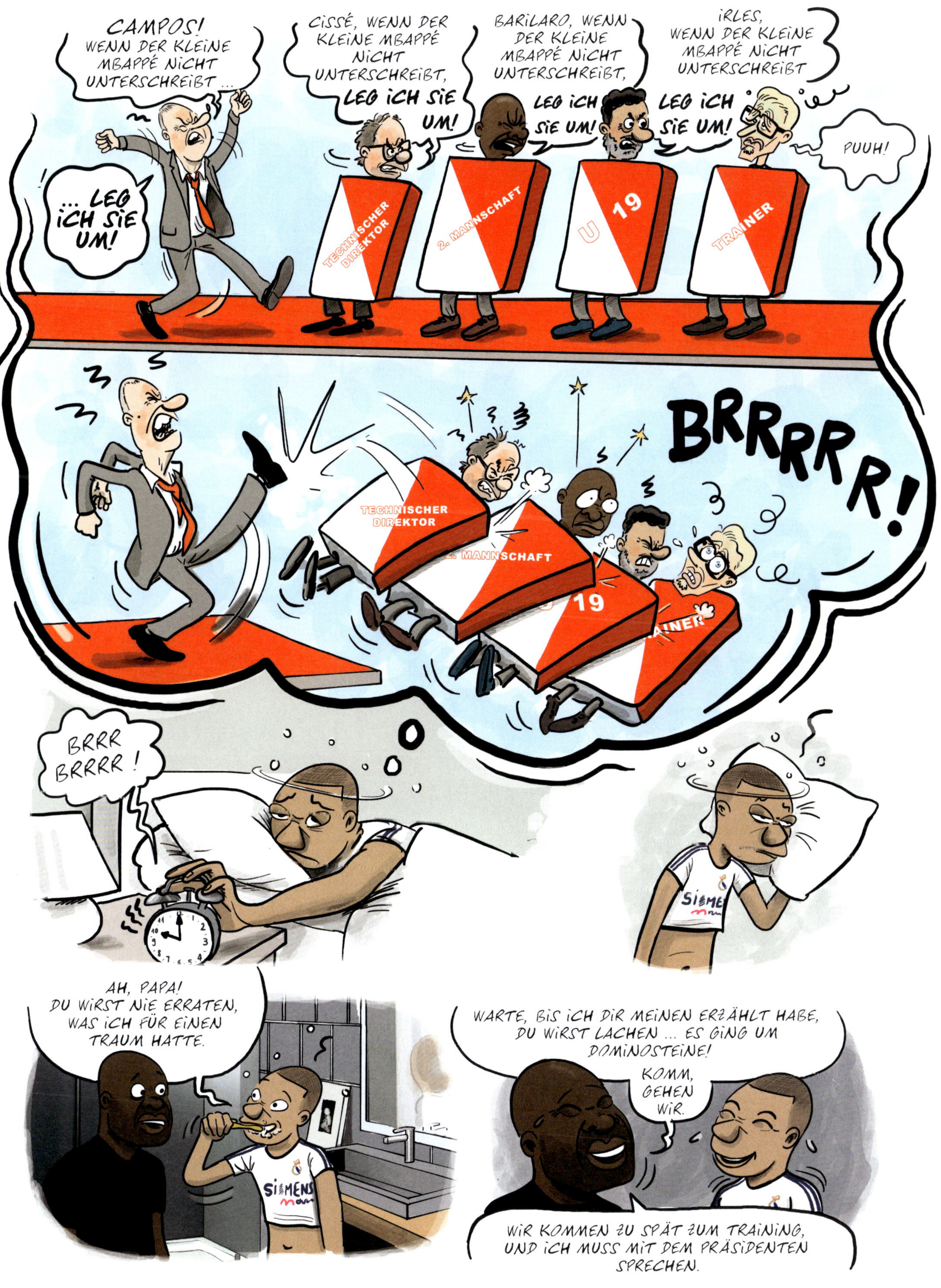
CAMPOS! WENN DER KLEINE MBAPPÉ NICHT UNTERSCHREIBT …
… LEG ICH SIE UM!
CISSÉ, WENN DER KLEINE MBAPPÉ NICHT UNTERSCHREIBT, LEG ICH SIE UM!
BARILARO, WENN DER KLEINE MBAPPÉ NICHT UNTERSCHREIBT,
LEG ICH SIE UM!
IRLES, WENN DER KLEINE MBAPPÉ NICHT UNTERSCHREIBT
LEG ICH SIE UM!
PUUH!
TECHNISCHER DIREKTOR
2. MANNSCHAFT
U 19
TRAINER
BRRRRRR!
BRRR BRRRR!
AH, PAPA! DU WIRST NIE ERRATEN, WAS ICH FÜR EINEN TRAUM HATTE.
SIEMENS
WARTE, BIS ICH DIR MEINEN ERZÄHLT HABE, DU WIRST LACHEN … ES GING UM DOMINOSTEINE!
KOMM, GEHEN WIR.
WIR KOMMEN ZU SPÄT ZUM TRAINING, UND ICH MUSS MIT DEM PRÄSIDENTEN SPRECHEN.

HALLO, HERR IRLES, GEHT'S IHNEN GUT?
HMMM ... XXVDCDXX, ES GEHT.
AH, HERR BARILARO, WIE GEHT'S?
HMM, JA, DANKE, KÖNNTE BESSER SEIN.
HERR CISSÉ?
ICH MUSS IHNEN SAGEN, DASS DIE LAGE HEUTE MORGEN ETWAS ANGESPANNT IST.
NA LOS, GEH ZUM TRAINING, KYLIAN, ICH SCHAU IM BÜRO DES PRÄSIDENTEN VORBEI.
WENN DER KLEINE MBAPPÉ NICHT UNTERSCHREIBT, LEG ICH SIE UM, CAMPOS!
UND ICH LEG DEN GANZEN VORSTAND UM, HERR VASILYEV.
AH, HERR MBAPPÉ, WIE GEHT ES IHNEN?
WILFRID, WAS FÜR EINE FREUDE!

ALSO, WILFRID, WAS ERFAHRE ICH DA? SIE WOLLEN NICHT, DASS KYLIAN ALS PROFI BEI UNS UNTERSCHREIBT?
NA, ES IST VOR ALLEM ER SELBST, DER DAS NICHT MÖCHTE!
ABER WIE DAS! WIE IST DAS MÖGLICH? WIR HABEN EINEN SO EHRGEIZIGEN PLAN FÜR KYLIAN.
EIN EHRGEIZIGER PLAN ... DARAN HABE ICH KEINEN ZWEIFEL, ABER SEIT ZWEI JAHREN IST MEIN SOHN STÄNDIG NIEDERGESCHLAGEN.
ER GEHT SCHON MIT EINEM KLOß IM BAUCH TRAINIEREN ...
... SODASS ER OFT MAGENKRÄMPFE HAT.
CAMPOS UND ALLE ANDEREN, LASST MICH MIT DEM PAPA VON KYLIAN ALLEIN, WIR HABEN WAS ZU BESPRECHEN!
ICH HÖRE IHNEN ZU, WILFRID.
DAS IST EIN SEHR SCHÖNES BILD, DAS SIE DA HABEN, HERR VASILYEV.
AH JA! DAS IST EIN KANDINSKY.
SIND SIE KUNSTLIEBHABER?
JA, SEHR! WIR SIND OFT IN MUSEEN GEGANGEN, ALS KYLIAN KLEIN WAR.
SEHR, SEHR SCHÖN!
DANKE!
?
WÜRDEN SIE NICHT GERNE HIER NOCH ETWAS GRÜN, DA NOCH ETWAS ROT ... UND HIER UNTEN EINEN BLAUEN KREIS DAZUMALEN?

ABER ... ÄH ...
WENN SIE EIN KUNSTWERK KAUFEN, DANN WEGEN DER GEFÜHLE, DIE ES AUSLÖST ...
ICH WÜRDE ES AUF KEINEN FALL VERÄNDERN.
OH, DA BIN ICH GANZ IHRER MEINUNG, HERR VASILYEV ...
... UND DAS HAT AUCH NICHTS MIT DEM WERT DES BILDS ZU TUN!
SCHÖN ...
UND REDEN WIR JETZT ÜBER KYLIAN?
DAS HABEN WIR GERADE GETAN, HERR VASILYEV.
GLPS!
DENN AUF EINE SEHR PRAKTISCHE ART HABE ICH IHNEN GERADE AUFGELISTET, WAS IHRE TRAINER IN DEN LETZTEN ZWEI JAHREN ALLES GESAGT ODER GETAN HABEN, UM DAS SPIEL UND DIE PERSÖNLICHKEIT VON MEINEM SOHN ZU VERÄNDERN.
?
ALLES, WAS SICH KYLIAN, ABER AUCH DIE ANDEREN JUNGEN IM ZENTRUM GEFALLEN LASSEN MUSSTEN UND WAS ICH ALS VATER UND VOR ALLEM ALS TRAINER NICHT HINNEHMEN KANN.
? ? ?
ÄH JA, TROTZDEM!

WILFRID, IM NAMEN DER AS MONACO MÖCHTE ICH MICH BEI IHNEN ENTSCHULDIGEN, SIE WÜRDEN MIR EINE GROßE EHRE ERWEISEN, WENN SIE DIE ENTSCHULDIGUNG ANNEHEMEN,
ALSO …
ICH WUSSTE DAVON NICHTS!
… UND ICH WERDE ENTSPRECHEND HANDELN.
WISSEN SIE, ALLES, WAS MICH INTERESSIERT, IST, DASS ES MEINER FAMILIE GUT GEHT … DIE SPANNUNGEN, DIE KRISEN, DAS IST NICHTS FÜR KYLIAN.
HAHA, DANN DÜRFEN SIE NIE BEI PARIS SAINT-GERMAIN UNTERSCHREIBEN, DA IST DIE KRISE EIN DAUERZUSTAND.
HAHAHA HAHA
HAHAHA HAHA HA
GUT … ABER JETZT IM ERNST, WILFRID, DER VERTRAG FÜR KYLIAN IST FERTIG, SIE MÜSSEN NUR NOCH UNTERSCHREIBEN.
NEIN!
ABER WIESO DENN? HABEN SIE DEN MONATLICHEN BETRAG GESEHEN? UND HIER …
TAP TAP
DIE UNTERSCHRIFTSPRÄMIE!
JA, JA, LIEBER VADIM, ABER WISSEN SIE, DER BETRAG DA UNTEN IST FÜR KYLIAN UND FÜR MICH NICHT SO WICHTIG.
?
SIE WISSEN ABER SCHON, DASS KYLIAN NICHT ALS PROFI SPIELEN KANN, SOLANGE ER NICHT UNTERSCHREIBT … ICH KANN ES MIR NICHT LEISTEN, DASS MIR DIESE CHANCE DURCH DIE LAPPEN GEHT.
DA KANN ICH IHNEN NUR MEIN WORT GEBEN, HERR VASILYEV: WENN ICH JA SAGE, VERTRAG HIN ODER HER, MÜSSEN SIE KEINE ANGST HABEN, DASS KYLIAN WEGGEHT.
SELBST WENN SIE UNS WOANDERS DAS DOPPELTE BIETEN.
ICH SCHLAGE IHNEN FOLGENDES VOR: VERGESSEN SIE IHRE MILLIONEN, KYLIAN UNTERSCHREIBT FÜR DEN MINDESTBETRAG VON 2.800 EURO IM MONAT.
… ABER SIE VERSPRECHEN IHM, DASS ER IN DER SAISON 32 SPIELE SPIELEN KANN.
UND?
ZU DEN 2.800 EURO IM MONAT HAT ER NEIN GESAGT … SIE WOLLEN DIR UNBEDINGT MILLIONEN GEBEN …
… ABER WIR WERDEN WEITER VERHANDELN.
?
?
?
?

WIR HATTEN TROTZDEM DAS GEFÜHL, DASS WIR HILFE BRAUCHEN.
IHR KOMMT GERADE RECHT! WIR HABEN SCHON WIEDER EIN PAKET BEKOMMEN.
SCHUHE, TRIKOTS, SHORTS, TRAININGSANZÜGE ... ZUM SCHLUSS WISSEN WIR NICHT MEHR, WOHIN DAMIT!
JAAA! SIE HABEN AUCH MAL AN MICH GEDACHT!
140
JAAA, SIE VERGESSEN NIE DEN KLEINEN SCHNORRER.
DIESE GANZEN TRIKOTS STEHEN MIR VIEL BESSER ALS DIR.
ALL DIESE NEUEN SACHEN, DIE SIE UNS SCHICKEN ... DANK DES VERTRAGS, DEN DU MIT 15 AUF DIE SCHNELLE UNTERSCHRIEBEN HAST.
ES WÄRE AN DER ZEIT, JEMANDEN ZU SUCHEN, DER HIER FÜR ORDNUNG SORGT.
DAS IST WIRKLICH WAHR, KYLIAN BRÄUCHTE WIRKLICH JEMAND, DER IHM SEIN ZIMMER AUFRÄUMT.
DU MACHST WOHL WITZE? MEIN ZIMMER IST SUPERSAUBER ... NICHT WIE DEINS!!!
WER REDET DENN VOM SAUBERMACHEN? ICH REDE VON JEMANDEM, DER UNS BEI KYLIANS GANZEN VERTRÄGEN HILFT ... IM ÜBRIGEN HOFFE ICH, DASS KYLIAN SEIN ZIMMER NOCH SELBST AUFRÄUMEN KANN.
ICH SCHON, ABER ÉTHAN ...
OH, KYLIAN! HEY, ES IST GUT!
AH, JA! MAN DARF NICHTS ZU IHM SAGEN ... DABEI HÄNGT ER DOCH GAR NICHT MEHR AN DEN DRÄHTEN.
ERINNERUNGEN!
BIP BIP BIP
ÜBERALL DRÄHTE
SO GROß WIE EINE STREICHHOLZSCHACHTEL
STIMMT, ER HÄNGT NICHT MEHR AN DRÄHTEN ... ABER DAFÜR HÄNGEN DIE BEIDEN SEHR ANEINANDER!
WINZIG!
RIESENFÜßE!
AH, JA ... WIE WIR!

HALLO, WILFRID, HIER IST VADIM! HÖREN SIE, ICH DENKE, WIR SIND UNS EINIG: ICH HABE DEN TRAINER ÜBERZEUGT, KYLIAN SPIELEN ZU LASSEN, WENN SIE DEN VERTRAG UNTERSCHREIBEN!
GROßARTIG, ODER?
SEHR GUT, HERR VASILYEV, FAST GESCHAFFT … NUR NOCH EINE SACHE: WIR UNTERSCHREIBEN DEN VERTRAG ERST, WENN KYLIAN SPIELT.
KLICK!
2. DEZEMBER 2015, AS MONACO GEGEN SM CAEN. 88. MINUTE, FÜR DIE NUMMER 4 FÁBIO COENTRÃO, WIRD DER JUNGE KYLIAN MBAPPÉ EINGEWECHSELT …
HUBLOT
GUTES SPIEL, JUNGER MANN!
VIEL GLÜCK, KLEINER!
… ER BRICHT DAMIT DEN REKORD VON THIERRY HENRY, DER 1994 AUCH NOCH SEHR JUNG WAR, ALS ER AUFGESTELLT WURDE.
UND THIERRY HENRY HAT EINE ELLENLANGE LISTE VON ERFOLGEN.
MIT EINER HAND AM ENDE, ICH WEIß!
UND SIE KÖNNEN MIR VERTRAUEN, HERR VASILYEV, WENN KYLIAN WEITERSPIELT, DÜRFEN SIE UNS DEN VERTRAG SCHICKEN … ER IST SO GUT WIE UNTERSCHRIEBEN.
WILFRID!
ICH WEIß, WIR GEHEN EINEN IM PROFIFUßBALL UNGEWÖHNLICHEN WEG, ABER WENN KYLIAN ALS PROFI UNTERSCHREIBEN SOLL, BRAUCHEN WIR HILFE.
GLAUBST DU?
HAST DU MIT DEM CLUB ÜBER GELD GESPROCHEN?
ÄH, NEIN! IMMER NOCH NICHT! ICH WEIß NUR, DASS SIE VIEL ANBIETEN!
TYPISCH, DU KENNST JA NICHT MAL DIE NUMMER DEINER BANKKARTE.
APROPOS KARTEN, ICH HABE DIE KARTEN ALLER AGENTEN AUFBEWAHRT, DIE UNS IN DEN LETZTEN MONATEN ANGESPROCHEN HABEN.

GEHT'S? ABER WARUM HEBST DU DIE ALLE AUF?
ICH WUSSTE NICHT MEHR, DASS ES SO VIELE WAREN.
MEIN MANN IST UNTER SEINER RAUEN SCHALE EIGENTLICH VIEL ZU NETT.
WIR NEHMEN AUF KEINEN FALL EINEN DIESER AGENTEN, DIE NACH PROZENTEN BEZAHLT WERDEN.
VERZAUBERUNG, ERNÜCHTERUNG, RÜCKKEHR EINES GELIEBTEN MENSCHEN, ICH BIN AUCH EIN VON DER FIFA AGGREGIERTER SPIELERVERMITTLER.
DAS HEIẞT „ZUGELASSEN"! ICH BIN BESSER QUALIFIZIERT ALS DIE, UM ZU WISSEN, WAS GUT FÜR MEINEN SOHN IST …
WIR WERDEN JEMAND FÜR DIE VERWALTUNG BEAUFTRAGEN, UND DAS WAR'S.
HMM, ANWALTSKANZLEI, SPEZIALISIERT AUF SPORT …
PARIS, IM VIERTEL MONTMARTRE, DEZEMBER 2015
IN DER 4. ETAGE, ABER ES GIBT KEINEN AUFZUG!
SCHLUCK
AH, JA, SIE IST … WIRKLICH AUF SPORT SPEZIALISIERT!
NUR MUT, FAYZA!
DENK AN DEINE JAHRE ALS HANDBALLERIN
GEHT DAS NOCH HÖHER?
MBAPPE
Verheyden
BZZZ
GUTEN TAG.
SAGEN SIE, DAS IST ABER HOCH BIS ZU IHNEN!
FRAU LAMARI, RICHTIG?

KENNEN SIE SICH MIT FUßBALL AUS?
ÜBERHAUPT NICHT … AUßER DASS MAN EINEN BALL IN EIN TOR SCHIEßEN MUSS.
KENNEN SIE MEINEN SOHN KYLIAN?
NEIN!
HALLO, WILFRID!
ICH HABE DIE RICHTIGE PERSON GEFUNDEN!
HÖHE: 2.500 METER
DIE UNS HILFT, KYLIANS KARRIERE ZU MANAGEN …
DU MUSST SIE UNBEDINGT KENNENLERNEN.
KOMPETENZ, STRENGE, ERFAHRUNG, ORGANISATION, SERIOSITÄT, EHRLICHKEIT … UND VOR ALLEM … NICHT VON DER FUßBALLWELT VERDORBEN.
DAS IST JA WIRKLICH MAL EIN ORIGINELLES PROFIL!
JA, DELPHINE? WIR TREFFEN UNS IN EINEM CAFÉ UNTER IHREM BÜRO …
JA! UNTEN IST ES BESSER!
MEIN SOHN UND MEIN MANN WERDEN AUCH DA SEIN.
CAFÉ ZUM KLEINEN PARISER

AH, HALLO, DELPHINE.
AH, JA! TYPISCHE PARISER RECHTSANWÄLTIN.
TAC
TAC
WIE GEHT'S?
ODER DOCH NICHT!
TAC
TAC
SEHR ERFREUT! SIE SIND WILFRID?
JA, UND DAS IST KYLIAN.
GUTEN TAG.
UND WER WEIß, VIELLEICHT HANDELN WIR ZUSAMMEN DEN GRÖßTEN VERTRAG IM MODERNEN FUßBALL AUS …
HAHA, DU BIST ALBERN, WILL! MÖCHTEST DU NOCH EINEN ORANGENSAFT, KYLIAN?
NEIN, DANKE.
WER WEIß!

UND SO …
DAS IST DOCH DER VERTRAG MIT NIKE …
NUR EIN BLATT, MIT UNTERSCHRIFT.
UND DIESER PAPIERFLIEGER?
AH?
EIN VERTRAGSANGEBOT VON ADIDAS.
DIE HABEN VIEL MEHR ANGEBOTEN.
ICH WEIß, ABER ES KOMMT NICHT INFRAGE, ETWAS ANDERES ALS NIKE ZU TRAGEN.
ICH HABE MEINEN STOLZ!
ICH WÄRE SOGAR BEREIT, KOSTENLOS NIKE ZU TRAGEN!
AH, JA, ANGESICHTS DER BETRÄGE, DIE SIE ANBIETEN, GLAUBE ICH, DASS SIE DAS WISSEN.
WIR WERDEN DAS EIN BISSCHEN UMFORMULIEREN!
APROPOS, KYLIAN, WENN DU IDEEN FÜR PROJEKTE HAST, DIE WIR MIT NIKE ZUSAMMEN MACHEN KÖNNTEN, SAG MIR DAS BITTE.
AH, JA, AUF JEDEN FALL! NIKE KÖNNTE DAS ALTE STADTSTADION MEINER SCHULE SANIEREN, ES IST TOTAL HERUNTERGEKOMMEN.
DAS WÜRDE MIR GEFALLEN!
ICH KÖNNTE MIR DAS GANZE IN SO EINEM TARNMUSTER VORSTELLEN, DAZU SCHUHE MIT MEINEM NAMEN, AUCH IM TARNMUSTER.
NEIN, ABER DAS GEHT DOCH NICHT! UND WARUM NICHT GLEICH NOCH EIN WANDGEMÄLDE VON KYLIAN MBAPPÉ MITTEN IN DER STADT?
HIHI-HIHI!
ODER NOCH BESSER! … AM STADE DE FRANCE!
HAHA-HAHAHA!
WIR BEHALTEN DAS ALLES MAL IM HINTERKOPF, MAN WEIß JA NIE … IN DER ZWISCHENZEIT SETZE ICH MICH AN DEN VERTRAGSENTWURF, DEN DIE AS MONACO GERADE GESCHICKT HAT.

6. MÄRZ 2016
WIR BEGRÜßEN UNSEREN NEUEN PROFISPIELER: KYLIAN MBAPPÉ!
DAS WURDE AUCH ZEIT!
KLICK!
KLICK!
KLICK!
MBAPPE
AUF KYLIAN, HIPP, HIPP, HIPP …
HURRA!
WAS FÜR EINEN WEG ER SEIT SEINEN ERSTEN SCHRITTEN IN BONDY ZURÜCKGELEGT HAT …
ICH ERINNERE MICH NOCH, ALS WÄR ES GESTERN GEWESEN …
WAS FÜR EINE AUSSICHT IHR HIER HABT …
KOMM NUR, WANN IMMER DU WILLST, MEINE LIEBE.
HAST DU GESEHEN, ÉTHAN? KYLIAN HAT DEM OPA AUCH EIN TRIKOT GESCHENKT.
ABER WIE VIEL BEKOMMT KYLIAN DENN JETZT IM MONAT? WILFRID HAT MIR WAS VON 80.000 ERZÄHLT, WIE VIEL IST DAS IN EURO?
12.000? 13.000?
80.000.
ODER HAT ER VIELLEICHT ALTE FRANCS GEMEINT?
UM DIE 3.000?
NEIN, NEIN, ES SIND 80.000.
WAS FÜR EINE WÄHRUNG HABEN SIE IN MONACO?
UND NÄCHSTES JAHR WIRD ES MEHR.
ABER WIE VIEL MACHT DAS DANN IN EURO?
GUT … IST AUCH EGAL!
MEIN ENKELSOHN HAT SEINEN TRAUM VERWIRKLICHT!
… DAS IST ALLES, WAS ZÄHLT!

KYLIAN, EINE REDE, KYLIAN, EINE REDE!
DAS ERINNERT MICH DARAN, ALS WIR IM URLAUB WAREN …
… UND PRESSEKONFERENZ GESPIELT HABEN.
ICH HABE EUCH MIT MEINEM WUNSCH, FUßBALLER ZU WERDEN, ZIEMLICH GENERVT.
IHR HABT MICH ZUERST FÜR EINEN KLEINEN, DANN FÜR EINEN GROßEN TRÄUMER GEHALTEN …
GEBT'S ZU, ICH WEIß DAS!
ABER NEIN!
HAHAHAHAHA!
HEUTE FRAGE ICH MICH EIN BISSCHEN, WAS WIR HIER MACHEN … DENN WENN IHR MICH KENNT, WISST IHR, DASS DIESER VERTRAG NICHT DAS ENDE IST …
UND DASS DAS BESTE NOCH KOMMT.
MEHR SAGE ICH NICHT!
AUF KYLIAN, HIPP, HIPP, HIPP!
20. MÄRZ 2016, PARC DES PRINCES.
VOR DEM SPIEL PARIS SAINT-GERMAIN – MONACO
BZZZ BZZZ BZZZ
PAPA? WARUM RUFST DU MICH AN? IST WAS PASSIERT?
DU RUFST MICH DOCH NIE VOR SPIELEN AN.
NEIN, ABER ICH WEIß NICHT … ES IST IMMERHIN PARIS SAINT-GERMAIN.
WIE FÜHLST DU DICH? GEHT ES DIR GUT?
ABER JA! BESSER ALS DIR, SO WIE SICH DAS ANHÖRT!
NICHT ZU GESTRESST?
ER SOLL VOR DEM SPIEL WAS ESSEN.
PAPA, IM ERNST, WAS SOLL MIR SCHON PASSIEREN?
ICH BIN 17 JAHRE ALT, WENN ICH HEUTE ERFOLG HAB: UMSO BESSER, WENN NICHT: AUCH OKAY!
ALSO, ENTSPANN DICH. KÜSSCHEN FÜR MAMA!

WAS HEIßT HIER STRESS? ...
WENN MIR DAS KEINEN SPAß MACHT, DANN MACHT MIR GAR NICHTS SPAß.
BIOT 25
IBRAHIMOVIC 10
DI MARIA 11
UND DER ERSTE BALL FÜR DEN JUNGEN KYLIAN MBAPPÉ LOTTIN ...
... DER DAVID LUIZ ABSCHÜTTELT!
WAS FÜR EIN MUMM FÜR EINEN SPIELER, VON GERADE MAL 17 JAHREN!
81. MINUTE
DIE MONEGASSEN HABEN ES GESCHAFFT, DIE ERFOLGSSERIE VON PARIS SAINT-GERMAIN IM PARC DES PRINCES ZU BEENDEN: NACH 34 SIEGEN UNTERLIEGEN SIE MONACO 2 : 0.
WÄHREND WIR DEN ABGANG DES JUNGEN KYLIAN MBAPPÉ ERLEBEN, DER EINE HERVORRAGENDE LEISTUNG GEZEIGT HAT.
DA! DAS ERGEBNIS WIRD ANGEZEIGT. SIE LASSEN KYLIAN AUSRUFEN.
ACH DU ... DU WARST BEIM ANPFIFF NICHT DABEI.

* FRANZÖSISCHER FUßBALLPOKAL FÜR JUGENDVEREINSMANNSCHAFTEN

STADE DE FRANCE: FINALE DES COUPE GAMBARDELLA 2016, ZUR ERÖFFNUNG DES FINALES FÜR DEN FRANZÖSISCHEN FUßBALLPOKAL.
LOS, JUNGS, WÄRMEN WIR UNS RICHTIG AUF!
HIER IST JA RICHTIG WAS LOS.
DAS MÜSSEN WIR AUSNUTZEN, WO WIR HIER SIND!
KÖNNEN WIR EIN INTERVIEW FÜR FRANCE TÉLÉVISION MACHEN, BEVOR SIE AUF DEN PLATZ GEHEN?
JA, NATÜRLICH, GERNE.
SAGT IHR MIR, WENN ICH AUF SENDUNG BIN.
GIPFEL DES RUHMS
DAS IST ES!
ALSO, TAYLOR MOORE, DAS IST EIN GROßER MOMENT ...
HÄ ...
AH? ... MAN SAGT MIR GERADE, DASS DAS NICHT TAYLOR MOORE, SONDERN KYLIAN MBAPPÉ IST ...
ENTSCHULDIGE, KYLIAN.
JETZT IST DER MOMENT, UM ZU ZEIGEN, DASS DIE AUSBILDUNG IN LENS SEHR, SEHR STARK IST.
IN MONACO!
Gipfel des Ruhms
ÄH, UND DANKE, TAYLIAN, ÄH, KYLOR ... AUF SIE, COGNACQ JAY.

OKAY, ICH WERDE IHNEN SCHON EINEN ANLASS GEBEN, SICH AN MICH ZU ERINNERN!
AS
HOPP!
HOPP!
UND HOPP!
ERSTES TOR VON CARDONA NACH EINEM PASS VON MBAPPÉ!
DIE MONEGASSEN GEHEN MIT EINEM TOR VON MBAPPÉ IN DIE PAUSE.
UND MBAPPÉ BESCHLEUNIGT IN DER LETZTEN MINUTE UND BESCHLIEßT DAMIT DAS SPIEL MONACO GEGEN LENS MIT EINEM 3 : 0.
EIN ENTSCHEIDENDER PASS … ZWEI TORE … ICH DENKE, JETZT WISSEN SIE EIN BISSCHEN BESSER, WER ICH BIN!
COUPE

IN MONACO LERNTE ICH WEITER VIEL ÜBER BESCHEIDENHEIT (… UND UNGERECHTIGKEIT).
JUNI 2016
ICH MÖCHTE ALLEN UNSEREN SPIELERN ZU DIESER GROßARTIGEN SAISON GRATULIEREN … UNABHÄNGIG VON DER MANNSCHAFT UND DEM NIVEAU.
MEINE BESTEN WÜNSCHE GEHEN AN KYLIAN MBAPPÉ, DER MIT DER U19-AUSWAHL NACH DEUTSCHLAND GEHT, UM AN DER EM TEILZUNEHMEN. VIEL ERFOLG!
ES IST NICHT SICHER, OB ER SPIELEN WIRD! VIELLEICHT LERNT ER DADURCH, BESCHEIDEN ZU SEIN!
OH, HÖR AUF! HAST DU IMMER NOCH NICHT BEGRIFFEN, DASS ER EIN CRACK IST?
ABER ER WURDE NEULICH …
… VON DEN ÜBERWACHUNGSKAMERAS IN DER STADT DABEI GEFILMT, WIE ER EINE TAFEL SCHOKOLADE GEGESSEN HAT!
IST WIRKLICH WAHR!
DER VEREIN HAT DAS VERBOTEN.
ERNÄHRUNGS-HYGIENE!
VERBOTEN, HÖRST DU?
VER…
VERBOTEN!
VERBOTEN!!!

MEINE SCHULBILDUNG WAR FÜR MEINE ELTERN IMMER NOCH EIN WICHTIGES THEMA ...
DIESE NOTEN SIND NICHT GERADE TOLL, KYLIAN! SO WIRST DU KEIN ABITUR SCHAFFEN.
DAS ABITUR, DAS ABITUR ... ABER PAPA ... WIESO BRAUCHE ICH DAS ABITUR?
WEIL ICH MÖCHTE, DASS DU EINE GUTE SCHULBILDUNG HAST! IN UNSERER FAMILIE HABEN ALLE ABITUR, DARUM!
ABER PAPA, ICH BIN DOCH SCHON PROFI-FUßBALLER.
IN MONACO!
NA UND, DAS IST KEIN GRUND, NICHT ZU WISSEN, WIE MAN EINE GLEICHUNG LÖST!
EINE GLEICHUNG ...
EINE GLEICHUNG ...
ICH WERDE DIR GLEICHUNGEN LÖSEN!
PAPA, ICH BIN 17 JAHRE ALT UND HABE EINEN DREIJAHRESVERTRAG BEI AS MONACO ...
ICH VERDIENE DIESES JAHR X € ...

IM NÄCHSTEN JAHR WERDE ICH X € + 0,2 X € VERDIENEN!
UND IM JAHR DARAUF X € + 0,2 X € + 0,4 X €!
DAS MACHT DANN IN DREI JAHREN 1,6 X €!
SEHEN WIR UNS NUN EINEN NORMALEN JOB AN, WIE ICH IHN MIT EINEM ABITUR MACHEN KÖNNTE ...
0,0125 X € ZUM BEISPIEL!
ICH WÜRDE ALSO 125 JAHRE BRAUCHEN, UM DAS ZU VERDIENEN, WAS ICH JETZT IN DREI JAHREN VERDIENE!
DAS KANNST DU NICHT WIDERLEGEN!
DU HAST NUR EIN DETAIL ÜBERSEHEN, KYLIAN ...
DAS IST NICHT DIE ART VON GLEICHUNG, DIE DU IN DER PRÜFUNG LÖSEN MUSST!!!
GEH LERNEN!
WUSCH!

UND EINIGE TAGE SPÄTER
WILFRID, VON UNS ALLEN HAST DU DAS MEISTE FINGERSPITZENGEFÜHL, ABER MIT DEN KINDERN ANDERER LEUTE IST ES IMMER EINFACHER …
LASS DAS TANTE FATI MACHEN!
20 JAHRE IM SCHULSYSTEM, 10 JAHRE ALS SCHULLEITERIN, DA WIRD MIR DER KLEINE KYLIAN NICHT LANGE WIDERSTEHEN KÖNNEN!
NA, KYLIAN … GERADE BEIM LERNEN?
HMMM
PAPA MÖCHTE, DASS ICH MEIN ABITUR MACHE, ALSO WERDE ICH MEIN ABITUR MACHEN!
… ABER DANACH SOLL ER MICH IN RUHE LASSEN!
BIST DU SICHER, DASS DU NICHT EIN BISSCHEN HILFE MÖCHTEST?
HMMMM …
WENN DU WILLST, FRAG MICH ALLES AB, WAS ICH AUSWENDIG LERNEN MUSS.
20 JAHRE IM SCHULSYSTEM … ABER SO ETWAS HABE ICH NOCH NIE GESEHEN!
AH JA! IST ER SO SEHR IM RÜCKSTAND?
ICH WEIß NICHT …
AUF JEDEN FALL HAT ER ALLES AUFGEHOLT … ALLEIN!
ICH GEHE INS BETT … ICH MUSS ÜBER MEINE ROLLE ALS LEHRERIN NACHDENKEN.
DAS BIER
Fußball
DAS BIER

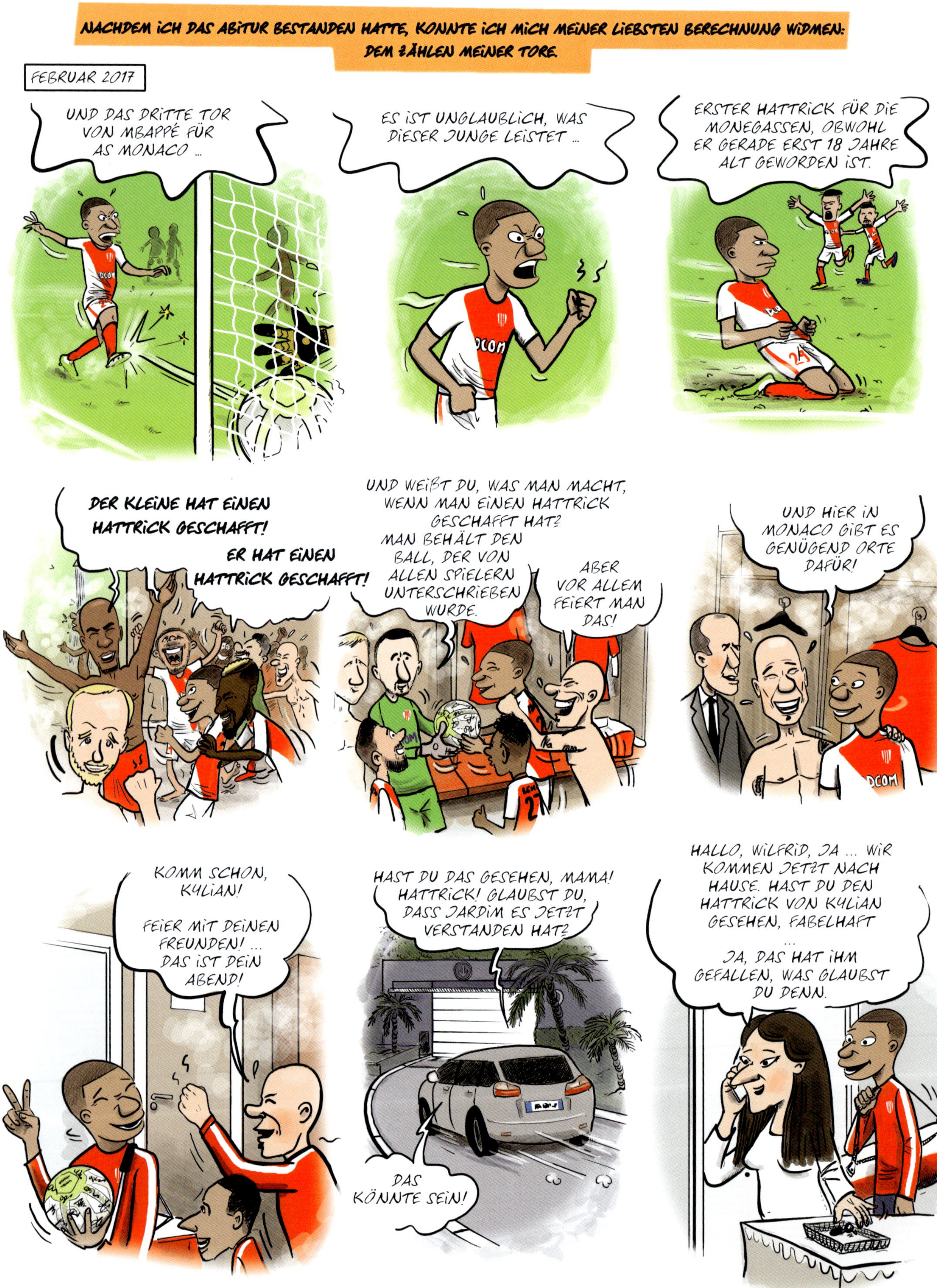
NACHDEM ICH DAS ABITUR BESTANDEN HATTE, KONNTE ICH MICH MEINER LIEBSTEN BERECHNUNG WIDMEN: DEM ZÄHLEN MEINER TORE.
FEBRUAR 2017
UND DAS DRITTE TOR VON MBAPPÉ FÜR AS MONACO …
ES IST UNGLAUBLICH, WAS DIESER JUNGE LEISTET …
ERSTER HATTRICK FÜR DIE MONEGASSEN, OBWOHL ER GERADE ERST 18 JAHRE ALT GEWORDEN IST.
DER KLEINE HAT EINEN HATTRICK GESCHAFFT!
ER HAT EINEN HATTRICK GESCHAFFT!
UND WEIẞT DU, WAS MAN MACHT, WENN MAN EINEN HATTRICK GESCHAFFT HAT?
MAN BEHÄLT DEN BALL, DER VON ALLEN SPIELERN UNTERSCHRIEBEN WURDE.
ABER VOR ALLEM FEIERT MAN DAS!
UND HIER IN MONACO GIBT ES GENÜGEND ORTE DAFÜR!
KOMM SCHON, KYLIAN!
FEIER MIT DEINEN FREUNDEN! … DAS IST DEIN ABEND!
HAST DU DAS GESEHEN, MAMA! HATTRICK! GLAUBST DU, DASS JARDIM ES JETZT VERSTANDEN HAT?
DAS KÖNNTE SEIN!
HALLO, WILFRID, JA … WIR KOMMEN JETZT NACH HAUSE. HAST DU DEN HATTRICK VON KYLIAN GESEHEN, FABELHAFT …
JA, DAS HAT IHM GEFALLEN, WAS GLAUBST DU DENN.

JA UND SEINE MITSPIELER WAREN SUPERNETT ZU IHM, SIE HABEN IHM DEN BALL GEGEBEN, WIE ES TRADITION IST, UND SIE HABEN IHM GESAGT, DASS ER MIT IN DIE DISCO GEHEN MUSS, UM ZU FEIERN!
MEIN KLEINER!
ICH GEBE IHN DIR, ER IST BESTIMMT SCHON IN SEINEM ZIMMER.
ÄH, NEIN!
ER IST BESTIMMT AUSGEGANGEN ... ER WIRD DAS JETZT MIT ANDEREN TEILEN WOLLEN ALS MIT UNS.
... UND DAS MACHT MICH EIN BISSCHEN TRAURIG.
JA, ICH WEIß, DAS IST NORMAL, ABER KYLIAN IST IMMER NOCH MEIN KLEINER.
MEIN KYLIAN! IN EINER DISCO MIT FREUNDEN, CHAMPAGNER UND SEINEM BALL.
JA, ICH GEHE INS BETT, ICH BIN MÜDE ...
GUTE NACHT, WILFRID.
LOS, ZÄHNE PUTZEN UND AB INS BETT ... DAS HABE ICH NOCH VOR KURZEM IMMER ZU IHM GESAGT.

ACH, EINE NACHT DRÜBER SCHLAFEN.
MORGEN IST EIN NEUER TAG.
KYLIAN!
ZZZZZZ

ALLES WAR SO SCHNELL GEGANGEN, ABER DAS TEMPO SOLLTE NOCH ANZIEHEN.
MÄRZ 2017
ALSO SCHAUEN WIR UNS MAL MEINE LISTE FÜR DIESE SPIELE IM MÄRZ FÜR DIE WM-QUALIFIKATION AN …
STÜRMER:
K … WIE KARIM …
NEIN, WAS MACH ICH DENN FÜR EINEN BLÖDSINN! K … WIE KYLIAN MBAPPÉ!
ER HAT ES VERDIENT.
RADIER
25. MÄRZ 2017: LUXEMBURG – FRANKREICH, 79. MINUTE
KYLIAN, DU GEHST JETZT REIN … GUTES SPIEL! ICH BIN SICHER, DASS AUF DIESE ERSTE AUSWAHL BEI DEN BLAUEN NOCH VIELE WEITERE FOLGEN WERDEN.
12. APRIL 2017: DOPPELPACK IM VIERTELFINALE DER CHAMPIONS LEAGUE GEGEN DORTMUND.
ABER WER IST DIESER JUNGE?
RÜCKSPIEL: MBAPPÉS 5. TOR IN DER CHAMPIONS LEAGUE.
DER JÜNGSTE SPIELER, DER IN JEDEM SEINER ERSTEN VIER K.-O.-SPIELE EIN TOR ERZIELTE
MEIN KLEINER IST SO STARK GEWORDEN.
ALL SEINE TRÄUME WERDEN WAHR.
ZZZZZ

DAS IST EINE VILLA AUF DEN KLIPPEN VON CAP D'AIL ... DIDIER DESCHAMPS WOHNT NICHT WEIT WEG ... DAS KÖNNTE NÜTZLICH SEIN, IHR SOHN IST FUßBALLER, NICHT WAHR?
ICH? JA, BALD!
TSSS!
VIELE DER FRANZÖSISCHEN FUßBALLER VON AS MONACO LEBEN IN CAP D'AIL ... DIE AUSLÄNDER LEBEN IN MONACO ...
DAS IST EINE FRAGE DER STEUER. ABER WENN SIE IN MONACO WOHNEN WÜRDEN, WÄREN IHRE NACHBARN REICHER ALS SIE ... DAS WÄRE DOCH SCHADE.
UND HIER IST ES!
WOW!
UND SO ...
DAS IST NICHT SCHLECHT. FUßBALLER ... ICH GLAUBE, DAS WERDE ICH AUCH MAL.
ÉTHAN, DU LEBST EIN BISSCHEN ZU SEHR IM PARADIES.
DAS IST NICHT EINFACH ZU ERREICHEN, WEIßT DU ... AUßERDEM WIRST DU DANN IMMER DER „BRUDER VON“ SEIN ...
PFFF!
JA, AUßER BEI FIFA!
PASS AUF ... DU HAST DA EINEN BLEISCHWEREN RUCKSACK AUF DEM RÜCKEN!
DEINEN NAMEN.
KEINE SORGE! ICH SCHAFFE DAS ...
UND WENN ICH EINEN RUCKSACK VOLLER BLEI HÄTTE, WÜRDE ICH JETZT UNTERGEHEN.
...UND WIE DU SIEHST, PASSIERT DAS NICHT.

UND WENN DU ALS TREUER FAN VON PARIS SAINT-GERMAIN DORT SPIELST, WIRST DU IN PARIS NIE EINEN SOLCHEN POOL HABEN.
PLATSCH
JA, DAS IST EIN SCHÖNER ORT HIER, SCHADE, DASS WIR NICHT WISSEN, WIE LANGE WIR HIERBLEIBEN.
ABER IN PARIS GIBT ES ÜBERDACHTE POOLS.
KYLIAN HAT INTERESSE DARAN, IN MONACO ZU VERLÄNGERN ... HIER SPIELT ER, SCHIEẞT TORE UND GLÄNZT SOGAR IN DER CHAMPIONS LEAGUE ... EIN SPITZENCLUB WÄRE VERLOCKEND, ABER NUR MIT DER GEWISSHEIT, SPIELEN ZU DÜRFEN ...
ICH SEHE UNS HIER NOCH MINDESTENS EIN JAHR!
GUT, EIN JAHR NOCH, ABER HÖCHSTENS.
!
DENN EIN EUROPÄISCHER SPITZENKLUB IST IMMER NOCH SEHR VERLOCKEND, ICH HABE VOR NIEMANDEM ANGST UND ICH BIN EHRGEIZIG.
JA, ZU PARIS SAINT-GERMAIN!
DU KANNST DICH WEITER SONNEN ... DU HAST HIER NICHTS MITZUREDEN!
PARIS IST MAGISCH!
ER KANN NICHTS GENIEẞEN, UNSER KYLIAN ... IMMER EINE HERAUSFORDERUNG NACH DER ANDEREN, IMMER AUF DER SUCHE NACH HÖHEREN ZIELEN.
WIR HABEN NUR EINEN VEREIN IN UNSEREM HERZEN, PARIS SAINT-GERMAIN, DAS IST UNSERE EHRE ...

JA … JA,
JA … JA!
JAAAA!
HEY,
IST GUT!
ICH HABE GEWONNEN!
ICH HABE GEWONNEN!
WUSCH!
KYLIAN! WARUM SAGST DU NICHTS MEHR?
?
DASS ICH GEWONNEN HABE! JA, ICH WEIß!
ABER DAS IST GENIAL!
?
NEIN! … NICHT DAS!

19 APRIL 2017: SPIEL GEGEN DORTMUND
JA A!
NACHMACHER!

UND NOCH EINMAL ... IM FUßBALL LÄUFT NICHTS WIE GEPLANT.

DAS ANGEBOT KAM HEUTE MORGEN …
EINE SUMME, DIE MAN NUR SCHWER ABLEHNEN KANN.
UND DANN … REAL!
ICH DENKE, DAS WIRD SIE FREUEN!
HÄ? …
NICHT?
LIEBER VADIM, REAL MADRID IST DER VEREIN, VON DEM KYLIAN SCHON IMMER GETRÄUMT HAT …
DAS STIMMT!
… SIEGER DER CHAMPIONS LEAGUE DIESES UND LETZTES JAHR. DAS IST WIRKLICH DIE SPITZE, DIE SIE UNS HIER ANBIETEN.
UND DANN NOCH DIE AUSSICHT, VON ZIDANE SELBST TRAINIERT ZU WERDEN.
ABER WIR WERDEN NICHT DARAUF EINGEHEN!
WIRKLICH … SIE … VERWIRREN MICH!
VADIM, TIEF IM INNEREN DENKE ICH, DASS ES ZU FRÜH IST … ICH BIN PARISER, ICH MÖCHTE MEIN LAND NICHT SO VERLASSEN, ICH MÖCHTE EIN GROßARTIGER SPIELER IN FRANKREICH WERDEN.
JA, ICH VERSTEHE …
UND IN FRANKREICH … BESSER ALS MONACO, DA GIBT ES NUR PARIS SAINT-GERMAIN!
ÄHM, JA!
ICH WERDE MIT PARIS SAINT-GERMAIN SPRECHEN, UM DAS GLEICHE ANGEBOT WIE VON REAL ZU ERHALTEN, DAMIT DIE AS MONACO NICHT BENACHTEILIGT WIRD.
DAS EHRT SIE, WILFRID.

WIE MEINST DU DAS, DIE FAMILIE MBAPPÉ MÖCHTE MIT UNS VERHANDELN?!?
ABER WIR HABEN GERADE NEYMAR FÜR 220 MILLIONEN VERPFLICHTET!
NEYMAR UND MBAPPÉ, DAS WÄRE DOCH WAS!
VERGESSEN SIE NICHT, WIR HABEN LETZTEN SOMMER BEN ARFA, JESÉ UND KRYCHOWIAK UNTER VERTRAG GENOMMEN.
JA, DAS WAR SO EINE SACHE.
DAS, UND DIE AUFHOLJAGD GEGEN DEN FC BARCELONA! WIR SCHULDEN UNSEREN FANS EINE REVANCHE!
NUN, DAS IST KEIN PROBLEM. EIN PROBLEM IST DAS VON DER UEFA EINGEFÜHRTE FINANZIELLE FAIRPLAY.
PFFF!
WIR SIND IMMER NOCH GEZWUNGEN, UNS AN DIE BESCHRÄNKUNGEN ZU HALTEN, SELBST WENN WIR DIE MITTEL HÄTTEN, DIE UEFA AUFZUKAUFEN.
GUT! ICH WERDE WILFRID MBAPPÉ ZURÜCKRUFEN … DAS WERDEN WIR SCHON ORGANISIEREN.
SEHR GUT, HERR PRÄSIDENT.
UND SO …
HIER IST ES!
ABER DAS IST EINE SACKGASSE?!?
HERZLICH WILLKOMMEN IN CAP D'AIL, HERR AL-KHELAIFI!
SEHR ERFREUT, HERR MBAPPÉ!
UND HIER IST DAS ANGEBOT, DAS WIR FÜR KYLIAN HABEN.
PLOPP

KRATZ
KRATZ
KRATZ
KRATZ
KRATZ
KRATZ
KRATZ
FAYZA, DELPHINE, WILFRID, KYLIAN, ES WAR UNS EIN VERGNÜGEN.
WIR SEHEN UNS BALD WIEDER ... FÜR WEITERE VERHANDLUNGEN RESERVIERE ICH FÜR SIE EINE SUITE IM ROYAL MONCEAU IN PARIS.
DAS NICHT ... DAS NICHT ... DAS NICHT ...
IST DAS SO KOMPLIZIERT? ICH MÖCHTE NUR, DASS SIE MIR VERSPRECHEN, DASS ICH SPIELEN KANN.
PSST! VERTRAU DELPHINE.
GIBT ES EINEN POOL IM ROYAL MONCEAU?
UND WAS IST, WENN WIR UNS NICHT EINIGEN KÖNNEN?
VERTRAU DELPHINE, KYLIAN!
JA, MEIN HERR, FÜR EIN SELFIE! GERNE.

DAS HÄTTEN WIR AUCH IN UNSEREM HAUS IN BONDY MACHEN KÖNNEN.
VERGESST DAS HAUS, FAYZA, IHR WERDET EINE NEUE ÄRA EINLÄUTEN.
HERR AL-KHELAÏFI HAT DIE BESTE SUITE IM HOTEL FÜR SIE RESERVIERT.
WIESO TRÄGT DER TYP MEINEN KOFFER? DAS KANN ICH SELBST MACHEN.
GIBT ES HIER KEINEN POOL?
DAS HOTEL VERFÜGT ÜBER EINEN 23-METER-POOL MIT TAGESLICHT.
UND KANN ICH DA ARSCHBOMBEN MACHEN?
NA GUT, LOS JETZT, WIR SIND VOR ALLEM HIER, UM ZU ARBEITEN!
KLATSCH KLATSCH
ICH HABE HUNGER!
JA, WIE WÄR'S? WIR HABEN ALLE HUNGER, BESTELLEN WIR UNS WAS ZU ESSEN.
WAS WOLLT IHR? ES GIBT CROQUES MONSIEUR ... MIT TRÜFFELN!
DANN NEHME ICH EINEN CROQUE MONSIEUR!
GIBT ES HAMBURGER?
ALSO HAMBURGER FÜR ALLE UND EINEN CROQUE MONSIEUR MIT TRÜFFELN FÜR DELPHINE ...
... FÜR 40 EURO!

DING DONG
AH, ES HAT GEKLINGELT ... DER SERVICE IST JA SCHNELL HIER!
HERR AL-KHELAÏFI! SCHÖN, DASS SIE GLEICH NACH UNSERER ANKUNFT VORBEIKOMMEN.
WILFRID, NENNEN SIE MICH DOCH BITTE NASSER.
ENTSCHULDIGEN SIE, NASSER, IST DAS IHR HOTEL? IST DAS HIER AUF DER KARTE AUCH KEIN FEHLER? MACHT DAS WIRKLICH 40 EURO, IHR CROQUE MONSIEUR MIT TRÜFFELN?
KEINE SORGE, FAYZA, ICH KÜMMERE MICH UM MAHLZEITEN UND GETRÄNKE, ABER SIE SOLLTEN UNSEREN BASMATIREIS PROBIEREN, ER IST DER BESTE IN DER HAUPTSTADT.
WUSSTEN SIE ÜBRIGENS, DASS WIR BEDUINEN DEN REIS IMMER MIT DEN FINGERN ESSEN?
AH, DAS IST JA WIE BEI UNS IM KAMERUN.
TIPP TIPP
TIPP TIPP TIPP TIPP TIPP TIPP
TAP
SCHMECKT ES WENIGSTENS?
UND WIE OFT SIND SIE IN DER ALTEN HEIMAT DOUALA?
NICHT SO OFT WIE SIE IN DOHA.

DELPHINE HAT IHRE MITARBEITER IN DIE SUITE BESTELLT, UM MIT IHNEN AN DEN VERTRÄGEN ZU ARBEITEN.
JA, DELPHINE IST EINE HARTE GESCHÄFTSFRAU!
ABER ICH BIN ZUVERSICHTLICH, FREUNDE, UNSERE ANWÄLTE HABEN AUCH GUT GEARBEITET. WIR WERDEN EINE EINIGUNG FINDEN. KYLIAN WIRD EINEN GUTEN VERTRAG BEKOMMEN, DER SEINEN QUALITÄTEN ENTSPRICHT.
ACH, WISSEN SIE, ER WILL NUR SPIELEN.
TOOOR!
NEEEIN!
IM MOMENT HAKT ES EIN BISSCHEN, WEIL MONACO NOCH EINEN SEINER SPIELER IN DEN VERTRAG MIT AUFNEHMEN MÖCHTE ... PARIS LEHNT DAS ABER AB!
PFFF!
ICH HABE BALD EIN SPIEL MIT DER FRANZÖSISCHEN NATIONALMANNSCHAFT ... ICH WÜRDE DAS GERNE VORHER UNTERZEICHNEN.
DAVON ABGESEHEN, BIST DU DIR WIRKLICH SICHER? DU WEIẞT, BEI REAL NEHMEN SIE DICH IMMER NOCH ...
MAMA!
WAS, „MAMA“? DU BIST EIN FUẞBALLGENIE, KYLIAN. WIRST DU DICH IN DER 1. LIGA NICHT LANGWEILEN?
MAMA!
WIR SIND KURZ DAVOR, UNS ZU EINIGEN, KYLIAN WIRD SO UM DIE 18 MILLIONEN PRO JAHR VERDIENEN ... OHNE PRÄMIEN!
HMMM, NICHT SCHLECHT!
GUT ... CROQUE MONSIEUR MIT TRÜFFELN FÜR ALLE?
UND DU, KYLIAN, WAS MÖCHTEST DU?
MIT NEYMAR SPIELEN!
... BEI PARIS SAINT-GERMAIN!

UND SO, NACH LANGEN UND ZÄHEN VERHANDLUNGEN UND EINIGEN CROQUES MONSIEURS MIT TRÜFFELN …
31. AUGUST 2017 … ZUSAMMENKUNFT DER FRANZÖSISCHEN NATIONALMANNSCHAFT AM TAG DES SPIELS FRANKREICH – NIEDERLANDE
LOS, JUNGS, DER SPAZIERGANG IST ZU ENDE, ZURÜCK INS HOTEL FÜR EINEN SNACK, DANN ZUM STADE DE FRANCE, UNSERE QUALIFIKATION FÜR DIE WELTMEISTERSCHAFT HÄNGT VON DIESEM SPIEL AB.
AH, KYLIAN, DEINE ELTERN UND DEINE ANWÄLTIN SIND EINGETROFFEN, UM DEINEN VERTRAG ZU UNTERSCHREIBEN, SIE HABEN EINEN KLEINEN SALON IM HOTEL RESERVIERT. HERZLICHEN GLÜCKWUNSCH UND VIEL GLÜCK.
DANKE, COACH.
UND … MACH SCHNELL!
NOCH AM SELBEN ABEND IST ES EIN NEUER SPIELER VON PARIS SAINT-GERMAIN, DER SEIN ERSTES TOR IN DER FRANZÖSISCHEN NATIONALMANNSCHAFT ERZIELT! … UND ES WERDEN NOCH VIELE WEITERE FOLGEN!
TOOOR!
VON KYLIAN MBAPPÉ!

HALLO ZUSAMMEN, DAS IST EIN GROßER TAG FÜR UNS UND FÜR PARIS SAINT-GERMAIN, ICH MÖCHTE IHNEN KYLIAN MBAPPÉ VORSTELLEN.
CNB
mirettes
PARIS MBAPPÉ
KYLIAN, WILLKOMMEN ZU HAUSE, WILLKOMMEN IN PARIS, WILLKOMMEN IM PARC.
WILFRID, DAS TAXI, DAS WIR GESCHICKT HABEN, UM PAPA ABZUHOLEN, IST GERADE ANGEKOMMEN. PAPA STEHT VOR DEM TOR DES PARC DES PRINCES.
KYLIAN HAT ÜBERAUS GROßES TALENT …
OKAY, ICH HOLE IHN AB.
ICH GEHE MEINEN VATER ABHOLEN.
ER IST GERADE ANGEKOMMEN.
DAS IST MEIN ENKEL … KYLIAN, DER SOHN VON WILFRID.
LASSEN SIE IHN … ER GEHÖRT ZU UNS. … ICH HABE SEINE EINLADUNG.
HMMM, GUT, SIE KÖNNEN GEHEN.
ÄH, ABER HABEN SIE SEIN TRIKOT GESEHEN? DAS GEHT NICHT.
WAS IST MIT MEINEM TRIKOT?
DAS WAR EIN GESCHENK VON MEINEM ENKEL KYLIAN …
… UND DAS TRAGE ICH MIT STOLZ.
NA ENDLICH, WILFRID! ICH WEIß NICHT, WAS ES FÜR EIN PROBLEM GIBT, DER JUNGE HAT MIR DAS TRIKOT VON MONACO GESCHENKT, ALSO TRAGE ICH DAS TRIKOT VON MONACO!
JA, UND DEINE MUTTER HAT MIR VERBOTEN, SHORTS ANZUZIEHEN!
GEH AUF DIE TOILETTE, ICH VERSUCHE, ETWAS ANDERES FÜR DICH ZU FINDEN.

UND DEIN VATER?
GIB MIR MAL MEINEN GELDBEUTEL, ICH MUSS UNBEDINGT EIN HEMD FÜR IHN BESORGEN ... ICH ERKLÄRE ES DIR SPÄTER.
ICH MÖCHTE AUCH MEINER FAMILIE DANKEN, MEINEM VATER ... MEINER MUTTER UND MEINEM GANZEN UMFELD.
MEINEN ANWÄLTEN ...
DIE IN DEN ...
... LETZTEN TAGEN EIN WENIG KOPFSCHMERZEN HATTEN.
ES IST MIR SEHR WICHTIG ...
... IN DIE STADT ZURÜCKZUKEHREN, IN DER ICH GEBOREN WURDE ...
... DIE STADT, IN DER ICH AUFGEWACHSEN BIN ...
WAS SIND DENN DAS FÜR MANIEREN! WAS SPIELT ES FÜR EINE ROLLE, OB ICH EIN TRIKOT VON MONACO ODER EIN ANDERES TRAGE?
BEEIL DICH, PAPA, WIR MACHEN GLEICH DIE FOTOS.
UND? BIST DU ZUFRIEDEN?
WENN DU SCHON DABEI WARST, HÄTTEST DU MIR AUCH EINE KRAWATTE BESORGEN KÖNNEN.
HIER, MEIN HERR, EIN BALL VON PARIS SAINT-GERMAIN.
SCHNELL, SIE SIND SCHON AUF DEM SPIELFELD FÜR DIE FOTOS!
KLICK
KLICK
KLICK
KLICK
KLICK
KLICK
KLICK
KLICK
KLICK
KLICK
MBAPPE 29

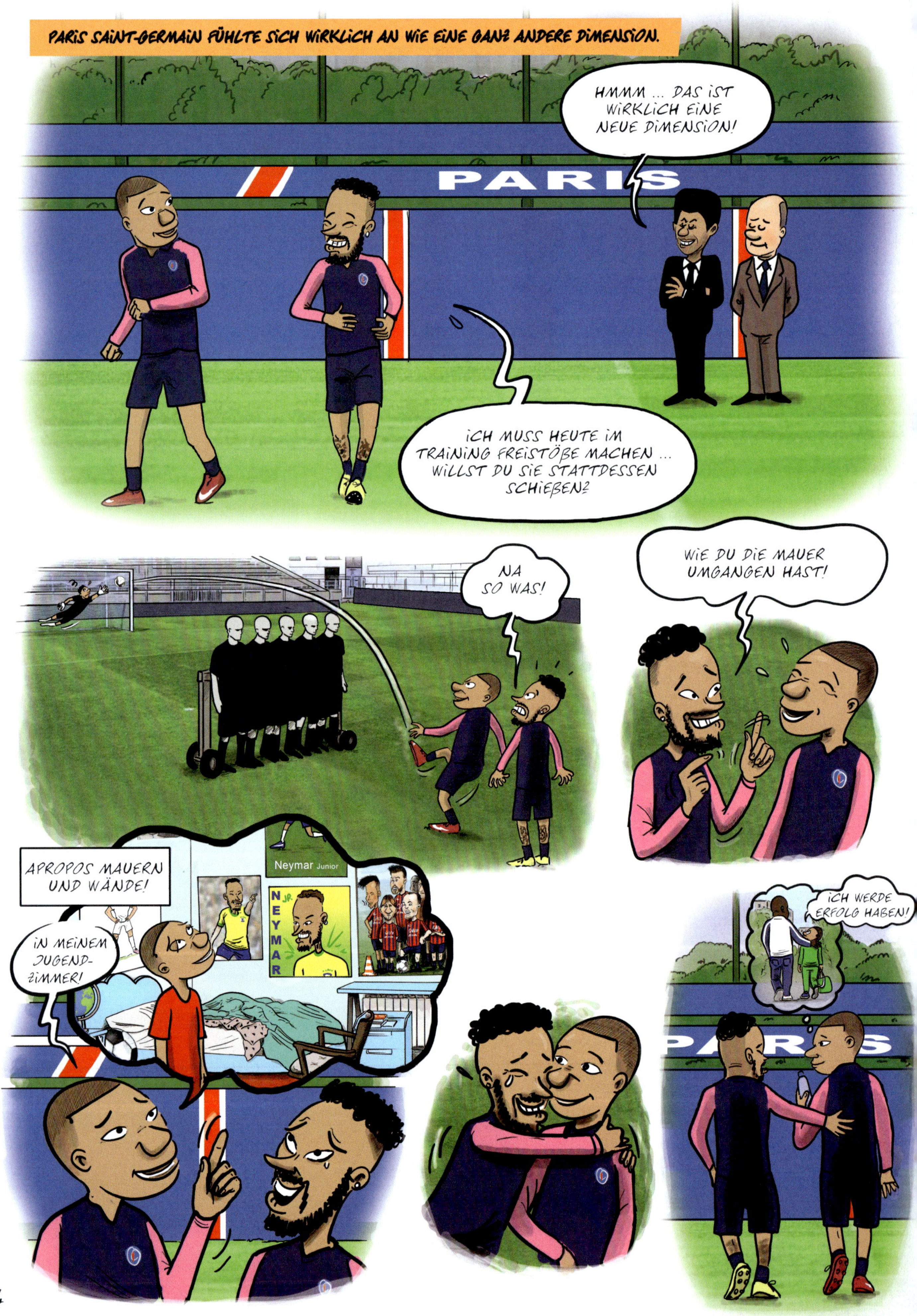
PARIS SAINT-GERMAIN FÜHLTE SICH WIRKLICH AN WIE EINE GANZ ANDERE DIMENSION.
HMMM ... DAS IST WIRKLICH EINE NEUE DIMENSION!
PARIS
ICH MUSS HEUTE IM TRAINING FREISTÖßE MACHEN ... WILLST DU SIE STATTDESSEN SCHIEßEN?
NA SO WAS!
WIE DU DIE MAUER UMGANGEN HAST!
APROPOS MAUERN UND WÄNDE!
IN MEINEM JUGEND-ZIMMER!
Neymar Junior
NEYMAR JR.
ICH WERDE ERFOLG HABEN!
PARIS

IN DIESEM ERSTEN JAHR IN PARIS HABE ICH MEINEN MONEGASSISCHEN SCHMETTERLINGSKOKON VERLASSEN, UM IN DEN AUGEN DER WELT ENDLICH ZU WERDEN, WER ICH IM KERN SCHON IMMER WAR ...

DAS ENDE MEINER ERSTEN SAISON BEI PARIS SAINT-GERMAIN MARKIERTE AUCH DEN BEGINN DER WELTMEISTERSCHAFT IN RUSSLAND.

IM ACHTELFINALE TRIFFT FRANKREICH AUF ARGENTINIEN UND LIEGT ZURÜCK.
... BIS ... PAVARD DEN AUSGLEICH SCHAFFT.
... UND DA!
PAVARD
MESSI
JAAA! WAS FÜR EIN TEMPO VON KYLIAN!
WIE DAMALS IM EINKAUFSZENTRUM, ALS ER 4 JAHRE ALT WAR.
¡ICH HAB'S GEWUSST! ¡ICH HAB'S GEWUSST!
LOS, KYLIAN!
ISMA
TOR VON MBAPPÉ!
MBAPPÉ MBAPPÉ
MBAPPÉ
MBAPPÉ
MBAPPÉ
MBAPPÉ
Mbappé
来家际临临节
Mbappé
MBAPPÉ
Mbappé
MBAPPÉ
MBAPPÉ
Mbappé

DAS WAR ENORM! ICH HOFFE, DASS ER JETZT NICHT ÜBERSCHNAPPT.
MACH DIR KEINE SORGEN, DU KENNST IHN DOCH.
JA, DAS STIMMT, ABER DAS HIER!!!
... UND AUCH NOCH BEI DER WELTMEISTERSCHAFT!
KYLIAN!
GROßARTIGES SPIEL, MEIN SOHN! WIR SIND STOLZ AUF DICH.
DU WEIßT, DASS HEUTE ABEND ALLE NUR ÜBER DICH REDEN! UND DU ... WAS BEHÄLTST DU IN ERINNERUNG?
WAS ICH IN ERINNERUNG BEHALTE?
WARTE!
HAHA, DAS IST JETZT NICHT WAHR?
OH, DAS MESSI-TRIKOT ... ZIEH ES AN, ZIEH ES AN!
MESSI
10
MBAPPE
10
UND? KLASSE, ODER? ICH MUSS LOS, DER TRAINER UND DIE MANNSCHAFT WARTEN AUF MICH.
10
SPIEL-VORBEREITUNG!
10
ER HAT IN ALL DEN JAHREN, IN DENEN ER EINE KLASSE HÖHER GESPIELT HAT, ZU GROßE TRIKOTS GETRAGEN ... UND JETZT IST DIESES TRIKOT DAS GRÖßTE VON ALLEN ...
UND WEIßT DU WAS?
ES PASST IHM!
UND ES WÜRDE MICH NICHT WUNDERN, WENN ES IHM IN NICHT ALLZU LANGER ZEIT EIN BISSCHEN ZU ENG WIRD.

SAGEN SIE MAL, HABEN SIE VIELLEICHT MBAPPÉ GESEHEN? MAN HAT MIR GESAGT, ER WÄRE VOR 5 MINUTEN HIER GEWESEN.
VIP-BEREICH
JA, HALLO, MEIN HERR, TATSÄCHLICH, UND ICH BIN IMMER NOCH HIER.
WILFRID … FREUT MICH SEHR!
UND, KOMMT ER NOCH, MBAPPÉ?
MEIN SOHN, BEI DEINER GEBURT HABE ICH DIR MEINEN NAMEN GEGEBEN …
KM
… DEN WIR UNS BIS HEUTE GETEILT HABEN …
KM
DER MOMENT IST GEKOMMEN, WO DU MIR NUN …
KM
… MEINEN NACHNAMEN ENDGÜLTIG WEGNIMMST!
WAS SAGST DU?
ACH, NICHTS!
ICH REDE MIT MIR SELBST … NA JA … WENN ES MICH DENN NOCH GIBT!
UND SIE? MBAPPÉ?
HABEN SIE MBAPPÉ GESEHEN? KOMMT ER?
ICH MÖCHTE MBAPPÉ SEHEN.

NACH DIESEM SPIEL WUSSTEN ALLE, DASS UNS NICHTS MEHR AUFHALTEN KONNTE ...
VIERTELFINALE
HALBFINALE
FINALE

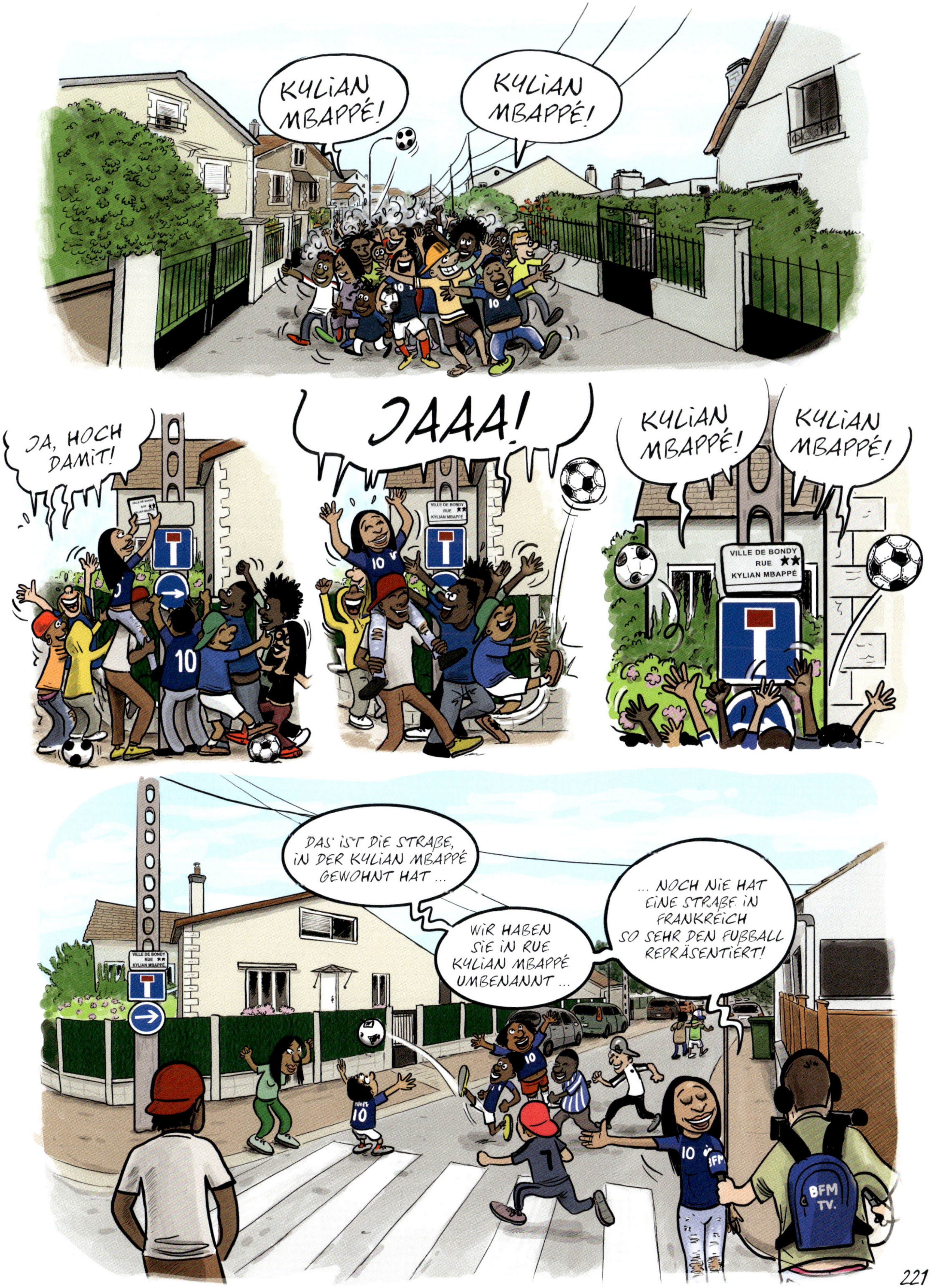

KYLIAN MBAPPÉ!
KYLIAN MBAPPÉ!
JA, HOCH DAMIT!
VILLE DE BONDY RUE KYLIAN MBAPPÉ
JAAA!
VILLE DE BONDY RUE KYLIAN MBAPPÉ
KYLIAN MBAPPÉ!
KYLIAN MBAPPÉ!
VILLE DE BONDY RUE KYLIAN MBAPPÉ
DAS IST DIE STRAßE, IN DER KYLIAN MBAPPÉ GEWOHNT HAT …
WIR HABEN SIE IN RUE KYLIAN MBAPPÉ UMBENANNT …
… NOCH NIE HAT EINE STRAßE IN FRANKREICH SO SEHR DEN FUßBALL REPRÄSENTIERT!
VILLE DE BONDY RUE KYLIAN MBAPPÉ
BFM TV.

AUGUST 2018
HEY, JUNGS, MORGEN UM DIESE ZEIT WERDEN WIR ALLE ZUSAMMEN AUF IBIZA SEIN!
OH JA, ENDLICH!
JAAA!
ANSTRENGENDE SAISON, DIE WELTMEISTERSCHAFT GEWONNEN, DA IST ES SICHER GUT, EIN WENIG AUSZUSPANNEN.
WIR WERDEN SPAß HABEN!
SUPERLUXUS, DIE SUITE, ICH LIEBE DAS!
LOS, JUNGS, GEHEN WIR RAUS, DAS SCHÖNE WETTER GENIEßEN.
KYLIAAAAAAN!
RUE DE LA PAIX!
DIE KAUF ICH!
UND?
NA JA ... WIR KONNTEN NICHTS UNTERNEHMEN!
AH, NICHTS GEHT ÜBER EINEN ABEND IN DER FAMILIE.
KYLIAN, HILFST DU MIR MAL BITTE?
PAPY

HAHAHA! JIRÈS!
ER HAT MIR DIE ZUNGE RAUS-GESTRECKT!
TOOOR!
ICH WERDE ERFOLG HABEN!
MBAPPÉ, KYLIAN.
Clairefontaine
KLICK
MBAPPE
29
KLICK
KLICK
KLICK
KLICK
DAS WURDE AUCH ZEIT!
KLICK
KLICK
KLICK
MBAPPE
...
FARO
Faro
SEPTEMBER 2021

Danke an meine Eltern, die an meine Träume geglaubt haben und mir jeden Tag dabei helfen, sie zu verwirklichen.

Danke an Faro für seine Geduld, seinen Humor und die harte Arbeit, die er zwei Jahre lang geleistet hat, damit dieses Buch das Licht der Welt erblicken konnte.

Kylian Mbappé

Danke an Delphine, dass sie die gleiche Idee hatte wie ich, zur gleichen Zeit wie ich, dass sie dieses Projekt möglich gemacht und es die ganze Zeit über begleitet hat.

Danke an Kylian, Fayza und Wilfrid für ihre Freundlichkeit, ihre Erreichbarkeit und dafür, dass sie mir ihre Türen mit Begeisterung, Wärme und ohne Einschränkungen geöffnet haben.

Danke an Ainhoa und Mathéo, dass ihr gekommen seid, um das Team zu bilden und mit ihm zu wachsen.

Danke an Marisa für … alles! Man kann nur kreativ sein, wenn alles läuft. Was ich bin, bin ich dank dir.

Faro

CHAMPIONS
CHAMPIONS